Mehl

Erin Alderson

Mehl

Das Koch- und Backbuch

Aus dem Amerikanischen
von Elisabeth Liebl

HANS-NIETSCH-VERLAG

Titel der Originalausgabe: *The Homemade Flour Cookbook. The Home Cook's Guide to Milling Nutrious Flours and Creating Delicious Recipes with Every Grain, Legume, Nut und Seed from A to Z,* erschienen 2014 in den USA bei *Fair Winds Press,* einem Mitglied der *Quarto Publishing Group USA Inc.*

Translation Rights arranged with *Quarto Publishing Group USA Inc.*

Lektorat: Susanne Noll
Korrektorat: Petra Zwerenz, Ulrike Oberländer
Fotos: Erin Alderson
Layout Innenteil: Sporto
Einbandgestaltung: Kurt Liebig
Satz: Kurt Liebig

Hans-Nietsch-Verlag
Am Himmelreich 7
79312 Emmendingen

www.nietsch.de
info@nietsch.de

ISBN 978-3-86264-352-3

Für Mike, meine große Liebe
Mit dir an meiner Seite
kann Großes geschehen.

INHALT

EINFÜHRUNG

Kochen ohne Industrieprodukte

Unsere Familie war eine typische amerikanische Mittelstandsfamilie. Wir waren immer auf Achse, hatten immer etwas vor. Nur ganz selten saßen wir zusammen am Tisch und aßen miteinander. Ich vertilgte eine Menge Fast Food und dachte nie darüber nach, wie meine Nahrung produziert würde. Ich wusste nur, dass ich gern aß. Aber eine so richtige Verbindung mit dem, was ich aß, hatte ich nicht.

Das änderte sich jedoch schlagartig, als ich neunzehn war und aufs College ging. Im ersten Studienjahr habe ich mich mehr durchgefressen als durchgebissen. Ich war noch nie dicker gewesen und hatte mich noch nie unwohler gefühlt. In jenem Sommer erlitt mein Vater mit nur 45 Jahren einen Herzinfarkt und musste sich deswegen einer Bypass-Operation unterziehen. Und das brachte mich dazu, meine Ernährungsgewohnheiten unter die Lupe zu nehmen. Meine Großmutter bestärkte mich darin, und so fragte ich mich zum ersten Mal, was Essen mit Gesundheit zu tun hat.

Der erste von vielen kleinen Schritten war, Fast Food in jeder Form vom Speiseplan zu streichen und von nun an Qualität zu kaufen. Ich fing an, einiges über Ernährung zu lernen. Und jeder einzelne Schritt half mir, meine Liebe zum Kochen zu entdecken. Ich begann zu experimentieren, entfernte mich immer weiter von den Rezepten und lernte, köstliche Mahlzeiten aus den Zutaten zuzubereiten, die ich gerade zur Hand hatte. Ich fing an, auf dem Wochenmarkt einzukaufen, und schloss mich einer Bio-Einkaufsgenossenschaft an. Denn je mehr ich über Ernährung lernte, desto weniger mochte ich das, was es im Supermarkt zu kaufen gab.

Ich versuche heute, alles weitgehend selbst zu machen, statt hoch verarbeitete Produkte zu kaufen, die keinerlei Vitalstoffe* mehr enthalten. Mir schmeckt das alles einfach nicht mehr. Heute ist mein Kühlschrank mit Obst, Gemüse und Milchprodukten gefüllt, die von den Bauern aus der Umgebung stammen. Und in meinen Küchenschränken hat ein halber Naturkostladen Platz.

Schließlich fing ich an, meinen eigenen Blog zu schreiben: *Naturally Ella*. Ich wollte die von mir entwickelten Gerichte, die auf natürlichen Zutaten basieren, mit anderen teilen. Ich lernte auf meinem Weg immer mehr dazu. Dann begann ich, mich mit Mehl und Getreide zu beschäftigen, vor allem mit Weizen. Schnell stellte ich fest, dass selbst gemahlenes Mehl nicht nur billiger ist, sondern viel besser schmeckt. Und so führte mich meine Forschungsreise immer weiter, hin zu glutenfreien Getreidesorten und Nussmehl. In diesem Buch finden Sie alles, was ich dabei gelernt habe.

Mein Pfad war für mich wichtig, doch ich glaube, gerade in puncto Ernährung muss jeder seinen eigenen Weg finden. Ich hoffe, dass dieses Buch Ihnen dabei nützliche Informationen liefert, sodass Sie Ihre eigene naturbelassene Küche kreieren können. Und das, was Sie bereits kennen und mögen, aus einem ganz neuen Blickwinkel betrachten können.

KAPITEL 1

Mehl selbst mahlen

Aus zwei Gründen begann ich, mein Getreide selbst zu mahlen: Ich wollte frische, naturbelassene Lebensmittel. Und ich suchte nach Verwendungsmöglichkeiten für all die Getreide, Hülsenfrüchte und Nüsse, die ich immer in der Großpackung kaufte. Zudem enthalten die Mehle im Supermarktregal meist kaum noch Vitalstoffe. Wenn Sie Ihr Mehl selbst mahlen, können Sie sich über ein Plus an Makro- und Mikronährstoffen** freuen.

Möglicherweise kommen Ihnen Aroma und Geschmack Ihres selbst gemahlenen Mehls erst einmal fremd vor. Mitunter erfordert die Verarbeitung frischen Mehls auch mehr Wasser, was durchaus Einfluss darauf haben kann, wie Ihre Backerzeugnisse geraten. Frisch gemahlenes Mehl zu verwenden ist ein Abenteuer, bei dem Sie ständig neue Geschmackserlebnisse und Konsistenzen erkunden können. Man hat mir schon oft gesagt, dass manche Leute kein Vollkornbrot mögen, weil es einfach nicht schmeckt wie Weißbrot. Das soll es ja auch gar nicht! Genießen wir stattdessen lieber den vollen Geschmack des Weizenmehls.

Angesichts der Vielfalt der Natur ist es kein Wunder, dass jedes Getreide anders schmeckt. Manche Weizensorten zum Beispiel werden wegen ihres hohen Proteingehalts geschätzt, der dafür sorgt, dass Backwaren entsprechend „gehen", d. h. ihr Volumen zunimmt. Wenn Sie nun andere Mehlsorten verwenden, fällt das Ergebnis auf den ersten Blick vielleicht enttäuschend aus. Daher nehme ich vor allem für die glutenfreie Bäckerei eine Mischung aus Mehl und Stärke, wenn ich möglichst luftige Leckereien erhalten möchte. Doch ich schätze es auch, wenn Teig und Brot schwer geraten. Ich will ja die natürlichen Eigenschaften der Getreidesorten zur Geltung bringen, statt ihnen eine weiße, lockere Konsistenz aufzuzwingen, die ihnen nicht entspricht. Wenn Sie also die Rezepte ausprobieren und feststellen, dass Sie eigentlich ein anderes Ergebnis erwartet haben, dann mischen Sie mehrere Sorten. Es kann spannend sein, ein wenig herumzuexperimentieren.

*Der Begriff „Vitalstoffe" wurde erstmals 1935 vom Chemiker Hans A. Schweigart verwendet. Er verstand darunter Vitamine, Mineralstoffe und Spurenelemente sowie essenzielle Amino- und Fettsäuren. Der Ernährungswissenschaftler Max Otto Bruker zählte auch die Ballaststoffe dazu. Später entdeckte die Forschung noch weitere für unsere Ernährung wichtige Pflanzenstoffe. In diesem Buch sind all diese Bestandteile unter Vitalstoffe zusammengefasst – im Unterschied zu den Makronährstoffen Eiweiß, Fett und Kohlehydraten. (Anmerkung d. dt. Hrsg.)

**Als Makronährstoffe werden die Energie liefernden Fette, Kohlenhydrate und Eiweiße bezeichnet. Mikronährstoffe hingegen wirken als Vitalstoffe: Sie liefern unserem Körper zwar keine Energie, sind aber dennoch lebenswichtig. Zu den Mikronährstoffen zählen in erster Linie Vitamine, Mineralstoffe und Spurenelemente, aber auch sekundäre Pflanzen- und Ballaststoffe. Sie sind notwendig für verschiedenste Stoffwechselreaktionen in unseren Zellen und damit an den Grundfunktionen des Körpers beteiligt – etwa am Zellwachstum zur Erneuerung von Haut, Knochen und Muskulatur, an der Bildung von Blutkörperchen und Botenstoffen, an der Nervenreizleitung und vielem anderen mehr. (Anmerkung d. dt. Hrsg.)

NÜTZLICHE HELFER

Bevor Sie damit loslegen können, zu Hause Ihr eigenes Mehl zu mahlen, brauchen Sie ein paar unentbehrliche Helfer. Eine elektrische Getreidemühle ist möglicherweise nicht für jeden erschwinglich, doch es geht auch mit weniger kostspieligen Gerätschaften, die Sie vielleicht schon zu Hause stehen haben.

Elektrische Getreidemühle: Wenn ich mich mit anderen darüber unterhalte, wie toll es ist, seine Nahrung zu Hause selbst zuzubereiten, gerate ich unweigerlich ins Schwärmen, sobald es um die Vorteile einer Getreidemühle geht. Sie bereitet innerhalb weniger Minuten frisch gemahlenes Mehl, das nährstoffreicher und billiger ist als alles, was man im Laden kaufen kann. Eine gute Getreidemühle ist eine lohnende Investition. Leider können Sie damit keine Nüsse und Samen mahlen (siehe A, B, C).

Handmühle: Eine Handmühle schafft dieselbe Menge Getreide wie eine elektrische Mühle, manchmal sogar mehr. Allerdings braucht es mehr Kraft und Zeit. Das so gewonnene Mehl ist ebenfalls reich an Vitalstoffen, aber weniger fein. Nichtsdestotrotz können Sie es für alle Rezepte in diesem Buch verwenden.

Hochleistungsmixer: Damit meine ich nicht den üblichen Haushaltsmixer, sondern Geräte mit starkem Motor, die nahezu alles kleinkriegen. Damit können Sie Getreide, Hülsenfrüchte, Nüsse und Samen zu Mehl mahlen, das denselben Feinheitsgrad hat wie Mehl aus der Getreidemühle. Gewöhnlich sind diese Geräte teurer als eine Getreidemühle, doch dafür auch vielseitiger verwendbar.

C

Küchenmaschine oder Haushaltsmixer: Meine Küchenmaschine ist eines der wichtigsten Geräte in meiner Küche. Sie ist vielseitig einsetzbar: Ich kann Teig kneten, Gemüseburger herstellen, Mehl mahlen. Ich mache damit Nussmehl und vermahle Haferflocken zu Mehl (siehe A, B, C). Das schafft allerdings auch ein normaler Haushaltsmixer. Wenn ich mit der Küchenmaschine arbeite, siebe ich das Mehl nach dem Mahlen kurz durch (siehe D). So wird das Mehl feiner und bindet in den Rezepten besser.

Nussmühle: Dieses kostengünstige Gerät macht genau das, was der Name sagt: Es mahlt Nüsse. Wenn Sie sich mit den Rezepten (Seite 171 ff.) beschäftigen, werden Sie merken, wie schnell aus Nussmehl Nussmus wird. Mit einer Nussmühle passiert Ihnen das nicht.

Kaffee-/Gewürzmühle: Meine Kaffeemühle wird gnadenlos zweckentfremdet. Ich mahle damit auch Samen, da sie für die Küchenmaschine zu klein sind. Sie können damit auch kleine Mengen Getreide mahlen.

Küchenwaage: Die Menge ist beim Mehl ein nicht zu unterschätzender Faktor. Wie ich schnell feststellen musste, ist nicht jeder Messbecher gleich. Ich habe vier verschiedene Messbechersets und nur eines davon ist halbwegs genau. Früher habe ich einfach das Mehl in den Messbecher gelöffelt und es dann festgeklopft. Das ist natürlich völlig falsch. Ich vermute einmal, meine unzureichenden Ergebnisse beim Backen gingen auf falsches Abmessen zurück. Am besten investieren Sie in eine Küchenwaage. Ich habe vor drei Jahren ein günstiges Modell erstanden und sie funktioniert immer noch bestens. Wenn Sie weiter einen Messbecher verwenden wollen, geben Sie das Mehl mit dem Löffel hinein und streichen Sie den Überschuss am Ende mit einem Messer ab. Klopfen Sie es nicht fest. Dann sollten die Ergebnisse einigermaßen zuverlässig sein.

Dies und das: Ein guter Handmixer ist für jede Küche praktisch. Viele Brotteige in diesem Buch werden mit Knethaken durchgewalkt. Doch mit einer großen Schüssel, einem Holzlöffel und zwei kräftigen Händen kommen Sie genauso weit. Ich besitze außerdem einen Pizzastein für meinen Backofen, einen Raviolischneider und einen Pasta-Aufsatz für die Küchenmaschine. Außerdem arbeite ich mit einer Teigmatte (Nudelbrett), damit die Küche leichter zu säubern ist, und mit einer Silikon-Backfolie statt mit Backpapier.

A

B

C

D

DIE ERSATZSPIELER

Was ist Kochen anderes als ein Spiel? Ich koche nur selten ein Rezept buchstabengetreu nach. Häufig tausche ich einzelne Zutaten aus, um eine andere Geschmacksnuance zu bekommen. Gerade beim Mehl sollte man sich nicht scheuen zu variieren, denn unterschiedliche Mehlsorten bringen ganz unterschiedliche Aromen.

Nehmen Sie zum Beispiel das Rezept auf der gegenüberliegenden Seite. Ein Grundrezept für Pfannkuchen, das Sie mit allem abwandeln können, was Sie gerade zur Hand haben. Machen Sie doch einen Mehrkorn-Pfannkuchen daraus: Je 40 Gramm Dinkel, Roggen und Hafer geben eine wunderbare Mischung. Wiegen Sie die Mengen ab, statt sie mit dem Messbecher abzumessen, denn die verschiedenen Getreidesorten haben ein unterschiedliches Gewicht.

Wenn Sie ein Rezept glutenarm machen wollen, sind Sie auf die Ersatzspieler förmlich angewiesen: Bei den meisten Rezepten nehme ich hier zwei Drittel Mehl und ein Drittel Stärkemehl. Bei Hefeteig und Mürbeteig (für Pies) ist das Verhältnis ein anderes: Hier brauchen Sie mehr Stärke, um die gewünschte Lockerheit zu erzielen. Für die Pfannkuchen schlage ich Folgendes vor: 30 Gramm Hafermehl, 30 Gramm Sorghummehl, 30 Gramm Hirsemehl, 15 Gramm Pfeilwurzelmehl und 15 Gramm Maisstärke. Es gibt hier zahllose Möglichkeiten, die nicht zuletzt vom persönlichen Geschmack abhängen. Probieren Sie einfach aus, was Ihnen am besten schmeckt. (Und wenn Sie eine ideale Mischung gefunden haben, mahlen Sie gleich eine größere Menge für die ganze Woche.)

Sie finden bei den einzelnen Rezepten immer wieder Tipps zum Abwandeln, denn die einzelnen Mehlsorten brauchen ganz unterschiedliche Mengen Flüssigkeit.

Bei den Maßangaben in den Rezepten handelt es sich immer um ungefähre Gewichtsangaben in Gramm. Beim Kochen und Backen mit den unterschiedlichen Mehlen werden Sie selbst schnell ein Gespür dafür entwickeln, ob Sie etwas weniger oder etwas mehr verwenden müssen.

Vollkorn-Pfannkuchen

Bringen Sie diese Pfannkuchen warm mit Butter, Ahornsirup und frischen Früchten auf den Tisch.

Ergibt 4 Pfannkuchen von etwa 8 Zentimetern Durchmesser (1 bis 2 Portionen)

1 Tasse (120 g) Weizenmehl
1 Teelöffel Weinsteinbackpulver
¼ Teelöffel Meersalz
1 Esslöffel (15 g) Butter, zerlassen und etwas abgekühlt
1 Esslöffel Ahornsirup
2 große Eier
160 ml fettarme Milch
Mark von ½ Vanilleschote

Den Backofen auf 100 °C vorheizen, um die Pfannkuchen warm zu halten. Dafür einen hitzebeständigen Teller verwenden.

Mehl, Backpulver und Salz in einer Schüssel verrühren. Zerlassene Butter, Ahornsirup, Eier, Milch und Vanillemark in einer zweiten Schüssel mit einem Schneebesen verrühren. Die nassen Zutaten auf die trockenen geben und alles zu einem Teig verarbeiten. 5 Minuten anziehen lassen.

Eine beschichtete Pfanne auf mittlerer Flamme erhitzen. Knapp ¼ Tasse Teig hineingeben. 2 bis 3 Minuten backen, bis der Teig an der Oberfläche Blasen wirft. Den Pfannkuchen wenden und auf der anderen Seite 1 weitere Minute backen. Den Vorgang wiederholen, bis der Teig aufgebraucht ist. Die Pfannkuchen auf dem Teller im Backofen stapeln und warm halten, bis alle fertig sind.

VORRATSHALTUNG

Bestimmte Lebensmittel habe ich immer zu Hause, damit ich daraus problemlos eine Mahlzeit zaubern kann. Alles, was unten aufgeführt ist, findet in den Rezepten dieses Buches Verwendung.

Fette und Öle: Hier halte ich meine Auswahl so simpel wie möglich - Butter, Olivenöl, Walnussöl, Mandelöl, Kokosfett und gelegentlich Sonnenblumenöl. Ich habe immer ein paar Nussöle zu Hause, mit denen ich Raps- bzw. Distelöl ersetzen kann. Ich mag das leicht nussige Aroma, das sie den Rezepten verleihen. Butter verwende ich für Backwaren. Außerdem streiche ich sie gern auf Pfannkuchen bzw. Crêpes. Zum Braten von Gemüse nehme ich meist Olivenöl.

Süßungsmittel: Seit ein paar Jahren greife ich mehr und mehr zu natürlichen Süßungsmitteln wie Honig, Ahornsirup und Melasse aus Zuckerrohr, Zuckerrüben oder Zuckerhirse. Für einige Rezepte aber verwende ich gern biologischen Vollrohrzucker, Mascobadozucker oder Puderzucker. Von Mascobadozucker nehme ich so wenig wie möglich. Ansonsten ersetze ich Zucker, wann immer es geht.

Stärkemehl: Stärkemehle werden in meiner Küche zum Andicken und zur Herstellung glutenfreier Backwaren verwendet. Obwohl diese feinen Mehle nicht immer erforderlich sind, verleihen sie dem glutenfreien Gebäck doch eine lockere, traditionelle Beschaffenheit. Ich nehme dazu meist eine Mischung aus Pfeilwurzelmehl, Tapiokamehl und Maisstärke, manchmal aber auch Klebreismehl (Seite 128).

AUF-BEWAHRUNG

Sie finden zwar bei den meisten Rezepten eine Anmerkung zur Lagerung, doch ich möchte Ihnen auch ein paar allgemeine Tipps aus meinem Erfahrungsschatz mit auf den Weg geben. Bei den meisten Lebensmitteln lassen sich keine genauen Haltbarkeitsangaben machen wie zum Beispiel: „Ungemahlener Weizen hält sich ein Jahr." Gerade wenn man sein Getreide offen kauft, ist es schwer abzuschätzen, wie alt es tatsächlich ist und wie lange es schon im Laden liegt.

Ich bewahre mein Getreide in luftdicht schließenden Glasbehältern auf. Es heißt im Allgemeinen, unbeschädigte Getreidekörner hielten bei Raumtemperatur vier bis sechs Monate, länger, wenn sie kühl aufbewahrt werden. Bei mir hat sich Getreide, das weder Wärme noch Feuchtigkeit ausgesetzt war, auch schon länger als ein Jahr gehalten. Sind Sie nicht sicher, sehen Sie sich die Körner genau an. Wenn Sie Schimmel, Käfer oder Raupen entdecken und das Getreide unangenehm riecht, sollten Sie die Finger davon lassen. Am besten ist es ohnehin, kleinere Mengen zu kaufen.

Sind Getreidekörner, Hülsenfrüchte, Nüsse und Samen erst zu Mehl vermahlen, halten sie sich nur noch kurz. Ich bewahre alle gemahlenen Sorten im Kühlschrank auf, wo sie 2 Monate haltbar sind. Alle Ausnahmen von dieser Regel habe ich bei den Rezepten angegeben.

MEHL ZU HAUSE MAHLEN

Sein Mehl selbst zu mahlen hört sich zunächst kompliziert an, doch es geht recht schnell. Nachstehend finden Sie ein paar allgemeine Hinweise für den Einsatz von Getreidemühle, Küchenmaschine und Kaffeemühle. Spezielle Tipps gebe ich bei den einzelnen Sorten.

Elektrische Getreidemühle: Achten Sie darauf, dass das Mahlgut frei von Steinen oder anderen Verunreinigungen ist. Geben Sie es dann in die Mühle, wie es der Hersteller empfiehlt. Sieben Sie das Mehl am Ende durch, vor allem bei kleineren Getreidekörnern wie Amaranth oder Teff.

Küchenmaschine: Füllen Sie Hafer, Nüsse oder anderes Mahlgut in den Behälter und drücken Sie die Pulse-Taste, bis es grob zerkleinert ist. Sieben Sie das Mahlgut durch und geben Sie den Teil, der noch nicht mehlfein gemahlen ist, noch einmal in die Küchenmaschine. Arbeiten Sie wieder mit der Pulse-Taste. Wiederholen Sie diesen Vorgang, bis das ganze Mahlgut den gewünschten Feinheitsgrad besitzt. Das gilt vor allem für Nüsse, denn so vermeiden Sie, dass Sie statt Nussmehl Nussmus bekommen.

Kaffeemühle: Machen Sie die Kaffeemühle halb voll. Drücken Sie die Mahltaste, bis sich feines Mehl zu bilden beginnt. Holen Sie das Mahlgut heraus, sieben Sie es durch und geben Sie die groben Bestandteile wieder in die Kaffeemühle. Wiederholen Sie den Vorgang, bis alles mehlfein gemahlen ist (siehe A, B und C).

C

Kapitel 2

Glorreiches Getreide

In den letzten Jahren sind glutenhaltige Getreidesorten durch den aktuellen Anti-Gluten-Hype und die damit verbundene Produktflut zunehmend in Verruf geraten. Dabei ist das Protein Gluten an sich nicht schlecht, sofern keine Allergie besteht. Und einige glutenhaltige Getreide werden als „traditionelle Getreidesorten" sogar besonders geschätzt. Diese Getreidesorten gibt es seit Jahrtausenden in unveränderter Form und ihr Gehalt an Makro- und Mikronährstoffen übersteigt in vielen Fällen den moderner Sorten.

Das Wichtigste, was Sie über glutenhaltige Getreide wissen müssen, ist, wie sie sich beim Backen verhalten. Wenn Sie je Brotteig geknetet oder einen runden Pizzateig auf der Hand haben kreisen lassen, dann konnten Sie dabei die Wirkung von Gluten beobachten. Gluten ist das, was dem Teig seine Elastizität verleiht. Und diese ist Voraussetzung dafür, dass die beim Backen im Teig frei werdenden Gase das Backwerk leicht und locker machen können. Doch nicht alle glutenhaltigen Getreidesorten verhalten sich gleich. Handelsübliches Weizenmehl (Weichweizen) und Roggen zum Beispiel enthalten wenig Protein und sind deshalb für Hefebackwaren ungeeignet. (Wenn Sie nicht gerade auf schwere, ziegelartige Brote stehen.) Andere Arten wie Hartweizen enthalten zwar viel Protein, doch dieses Gluten besitzt eine andere Struktur. Daher eignet sich Hartweizen schlecht für Hefegebäck, aber hervorragend für Pasta.

Als ich anfing, mich mit den verschiedenen Getreidesorten zu beschäftigen, erstaunte mich vor allem die Vielfalt der Aromen. Kamut und Einkorn sind ebenfalls Weizensorten, schmecken aber deutlich süßer und milder. Dinkel und Emmer verleihen jedem Backwerk einen starken Eigengeschmack. Die Wahl des Getreides beeinflusst daher den Geschmack des ganzen Gerichts. Ich würde Ihnen empfehlen, ein paar der Gerichte auch einmal mit anderen Getreidesorten zuzubereiten, um für Struktur und Aromen ein Gefühl zu entwickeln. Dann können Sie die Getreidesorten nach Belieben mischen. Ich zum Beispiel bin ein großer Fan der Mischung aus Gerste, Roggen und Dinkel.

DIE GUTEN INS TÖPFCHEN ...

Da glutenhaltige Getreidesorten sich vom Aussehen her stark ähneln, sollten Sie sie so aufbewahren, dass Sie sie nicht verwechseln können. Wenn ich offenes Getreide kaufe, schreibe ich auf die Packung, was drin ist. Auf Glasbehälter klebe ich ein entsprechendes Schild.

GERSTE

Gerste ist seit einiger Zeit mein Lieblingsgetreide, sowohl als ganzes Korn als auch als Mehl. Sie schmeckt sehr süß und nussig und lässt sich daher sowohl für süße als auch für pikante Speisen verwenden. Die gekochten Körner gebe ich gern in Salate. Dazu schmeckt ein Zitrusdressing. Manchmal reiche ich zu einem herzhaften Curry anstelle von Reis auch gekochte Gerstenkörner. Die Süße der Gerste balanciert die Wärme der Gewürze perfekt aus.

Doch Gerste schmeckt nicht nur gut, sie weist von allen Getreidesorten auch noch den höchsten Anteil an Ballaststoffen auf. Einzigartig an Gerste ist, dass nicht nur die Kleieschicht Mikronährstoffe enthält, sondern auch der Keim und das Endosperm.

Obwohl Gerste also ihre Mikronährstoffe im ganzen Korn verteilt hat, ist es besser, Rollgerste zu kaufen statt der üblichen Perlgraupen. Rollgerste besteht aus dem ganzen Getreidekorn und enthält deshalb mehr Mikronährstoffe. Bei Perlgraupen hingegen wurden die Kleieschicht und der Keimling entfernt, was einen deutlichen Verlust an Nährstoffen bedeutet.

Bedauerlicherweise finden sich im Supermarkt fast nur Perlgraupen. Rollgerste bekommen Sie gewöhnlich nur im Naturkostladen oder Reformhaus. Ich persönlich ziehe die Rollgerste vor, gerade wenn ich das Getreide zu Mehl mahle. Wenn Sie allerdings keine Getreidemühle besitzen, lassen sich Perlgraupen leichter zu Mehl verarbeiten.

Gerstenmehl

Gerste gibt ein wunderbar nussiges, ja fast süßes Mehl. Obwohl Gerste durchaus Gluten enthält, wird das Mehl meist mit Weizenmehl gemischt, da Gerstenmehl dem Backgut eine recht körnige Struktur verleiht. Auch „geht" der Teig mit reinem Gerstenmehl nicht so gut. Wenn Sie Hefegebäck machen, sollte das Gerstenmehl höchstens ein Viertel der gesamten Mehlmenge ausmachen, damit Ihr Backwerk leicht und locker wird. Feste Backwaren wie Cookies, Pfannkuchen oder Muffins lassen sich auch mit 100 Prozent Gerstenmehl zubereiten.

Gerste mahlen Sie am besten mit der Getreidemühle, ob nun elektrisch oder von Hand. Auch in einem Hochleistungsmixer, in der Küchenmaschine oder in der Gewürzmühle können Sie grobes Gerstenmehl herstellen. Unmittelbar nach dem Mahlen ist das Gerstenmehl recht fluffig. Nach ein oder zwei Tagen setzt es sich dann. Daher sollten Sie eine Waage und keinen Messbecher verwenden, um die benötigte Menge zu bestimmen.

Maßangaben

1 Tasse Rollgerste = 180 g

1 Tasse Gerstenmehl = 120 g

1 Tasse (180 g) Rollgerste = 1½ Tassen (180 g) Gerstenmehl

Grapefruit-Gersten-Scones

Diese Scones sind schwieriger zu machen als die traditionellen, aber ich finde, sie sind die Mühe wert. Die Säure der Grapefruit wird durch die leichte Süße des Gerstenmehls ausgeglichen. Wenn Sie den Geschmack von Grapefruits nicht mögen, verwenden Sie stattdessen Orangen.

Ergibt 4 grosse oder 6 mittelgrosse Scones

1 ½ Tassen (180 g) Gerstenmehl
2 Teelöffel Weinsteinbackpulver
½ Teelöffel Meersalz
¼ Teelöffel Natron
1 mittlere Bio-Grapefruit (275 bis 300 g)
6 Esslöffel (90 g) kalte Butter, in Flocken
1 großes Ei, Eiweiß und Dotter getrennt
¼ Tasse (60 ml) Vollmilch
3 Esslöffel Honig

Den Backofen auf 200 °C vorheizen. Ein Backblech mit Backpapier auslegen.

Gerstenmehl, Backpulver, Salz und Natron in einer großen Schüssel vermischen. Die Grapefruit heiß abwaschen. Die Grapefruitschale mit dem Zestenreißer abziehen und zur Mehlmischung geben. Die Grapefruit so von der restlichen Schale befreien, dass die weiße Haut auch entfernt wird, und in Würfel schneiden. Dabei den Saft in einer Schüssel auffangen. Beides beiseitestellen.

Die Butter in Flocken mit 2 Messern, Ihren Händen oder der Küchenmaschine in die trockenen Zutaten einarbeiten. Die Teigkrümel sollten am Ende etwa die Größe von Erbsen haben. Eiweiß, Milch und 2 Esslöffel Honig in einer kleinen Schüssel verrühren. Über die trockenen Zutaten geben und verrühren, bis der Teig bindet.

Den Teig auf einer bemehlten Arbeitsplatte zu einem 15 x 30 Zentimeter großen Rechteck formen. Die Grapefruitstücke darauf verteilen. Aus dem Teig eine Rolle von etwa 2,5 Zentimetern Durchmesser herstellen und diese anschließend flachklopfen.

Die Rolle in 4 bis 6 Stücke schneiden. Diese mit einem Abstand von 2,5 bis 5 Zentimetern auf das Backblech setzen. Eigelb mit dem restlichen Esslöffel Honig und 2 Esslöffeln Grapefruitsaft verrühren. Die Scones damit bestreichen. Die Scones im Backofen 15 bis 18 Minuten backen, bis sie goldgelb sind und auf Druck nicht mehr nachgeben. Die Scones 10 Minuten auf dem Backblech auskühlen lassen, dann auf ein Kuchengitter setzen und vollständig auskühlen lassen. Die ausgekühlten Scones halten sich in einem luftdicht verschlossenen Behälter bei Zimmertemperatur 2 bis 3 Tage, lassen sich aber auch gut einfrieren.

Cookies mit dunkler Schokolade

Es ist schwierig, die traditionellen Schoko-Cookies zu verbessern, doch mit Gerstenmehl gelingt es tatsächlich. Diese Cookies sind außen knusprig, innen aber butterweich. Ich verwende dazu am liebsten Zartbitterschokolade, die ich grob hacke, doch Sie können natürlich auch normale „Schokoladentropfen" etc. verwenden.

Ergibt 12 bis 14 Cookies

¾ Tasse (180 g) weiche Butter
¾ Tasse (180 g) Mascobadozucker
¼ Tasse (50 g) Vollrohrzucker
2 große Eier
Mark von ½ Vanilleschote
¾ Teelöffel Weinsteinbackpulver
¾ Teelöffel Meersalz
¼ Teelöffel Natron
3 Tassen (360 g) Gerstenmehl
1½ Tassen (360 g) Zartbitter-Schokotropfen

Den Backofen auf 190 °C vorheizen. Ein Backblech mit Backpapier auslegen.

Butter und beide Zuckersorten in einer großen Schüssel mit dem Handmixer schaumig rühren. Eier, Vanillemark, Backpulver, Salz und Natron hinzugeben und durchrühren, bis alles gut vermengt ist. Dabei von Zeit zu Zeit den Teig von den Seiten der Rührschüssel abkratzen und unterheben.

Mehl dazugeben und auf niedriger Stufe unterrühren, bis der Teig bindet und alles gut vermengt ist. Noch einmal den Teig von den Seiten der Schüssel kratzen und einarbeiten. Schokotropfen unterziehen.

Für jedes Cookie eine Portion von 2 bis 3 normalen Esslöffeln Teig abstechen, mit der Handfläche flach drücken und auf das Backblech setzen. Die Cookies etwa 12 Minuten im Backofen backen, bis die Ränder leicht gebräunt sind. Die Mitte hat sich dabei noch nicht gesetzt. Das kommt erst beim Abkühlen. Die Cookies 10 Minuten auf dem Backblech auskühlen lassen, dann auf ein Kuchengitter setzen und ganz abkühlen lassen. Die Cookies bleiben bei Zimmertemperatur in einem luftdicht verschlossenen Behälter 3 bis 4 Tage frisch. Wollen Sie auf Vorrat backen, können Sie die Cookies auch einfrieren. Lassen Sie die Kekse auf Zimmertemperatur abkühlen, bevor Sie sie servieren.

Spargel-Mozzarella-Pizza aus Gerstenmehl

Ich liebe Pizza mit hauchdünnem Boden. Gerstenmehl ist dafür ideal. So bekommen Sie auch ohne Holzofen einen knusprigen Boden. Der Mozzarella ist so mild, dass das feine Spargelaroma nicht überdeckt wird. Ziegenkäse oder Gorgonzola passen aber auch ganz gut.

Ergibt 1 Pizza von 25 Zentimetern Durchmesser

Für den Teig:

¾ Tasse (90 g) Gerstenmehl
¼ Tasse (30 g) Weizenmehl
2 Esslöffel Maisstärke
1 Teelöffel Weinsteinbackpulver
½ Teelöffel Meersalz
¼ Tasse plus 2 Esslöffel (90 ml) Wasser
2 Esslöffel Olivenöl
1 Esslöffel Honig

Für den Belag:

1 Esslöffel Olivenöl
2 Esslöffel frischer Dill, fein gehackt
5 oder 6 mittlere Spargelstangen (80 g), mit dem Sparschäler oder dem Messer in dünne Streifen geschnitten
2 Schalotten, fein gewürfelt
50 bis 60 g Mozzarella, klein geschnitten

Den Backofen auf 230 °C vorheizen.

Für den Teig: Mehl, Maisstärke, Backpulver und Salz in einer großen Schüssel gründlich vermischen. Wasser, Olivenöl und Honig in einer kleinen Schüssel mit einem Schneebesen verrühren. Die nassen Zutaten über die trockenen gießen und verkneten. Wenn der Teig zu klebrig wird, zusätzlich Mehl hinzufügen. Wird er zu trocken, mehr Wasser hinzugeben. Der Teig sollte gut zu kneten sein und nicht an den Händen haften. Die gesamte Teigmenge 4- oder 5-mal durchkneten.

Ein Stück Backpapier mit 1 bis 2 Esslöffeln Gerstenmehl bestreuen. Den Teig zu einem Kreis von 30 Zentimetern Durchmesser ausrollen. Das Backpapier mit dem Pizzateig auf ein Backblech ziehen.

Für den Belag: Den Pizzateig mit dem Olivenöl bestreichen. Den Dill darüberstreuen. Spargel und Schalotten darauf verteilen. Obenauf den Käse geben.

Die Pizza 10 bis 12 Minuten im Backofen backen, bis der Käse bräunt und Blasen wirft. Dann ist der Boden knusprig. Die Pizza aus dem Backofen nehmen und sich 2 bis 3 Minuten setzen lassen, anschließend in Stücke schneiden.

Ich nehme immer recht wenig Käse, weil ich auch die anderen Zutaten zur Geltung kommen lassen will. Wenn Sie mögen, können Sie ruhig mehr Käse verwenden.

ROGGEN

Ich hatte immer eine gewisse Schwäche für Roggen, möglicherweise weil meine Familie schwedische Wurzeln hat. Mein Großvater machte immer dumme Schwedenwitze (die gegen ihn selbst gingen) und meine Großmutter buk schwedisches Roggenbrot, um das sich die Familienmitglieder heiße Kämpfe lieferten. Meine Großtante aß es so gern, dass sie die Scheiben der Länge nach durchschnitt, nur um ein größeres Stück zu bekommen. Und doch habe ich erst vor Kurzem angefangen, Roggen für andere Rezepte als das Brot meiner Oma zu verwenden.

Roggen ist kein prähistorisches Getreide, doch in Deutschland wurde er schon im 6. bis 5. Jahrhundert v. Chr. angebaut. Danach verbreitete er sich in ganz Europa. Er galt als „Bauernnahrung", während die Oberschicht sich von Weizen ernährte, und das, obwohl Roggen mehr Nährstoffe enthält als Weizen. Dass Roggen sich nur langsam durchsetzte, liegt vielleicht daran, dass er früher als Unkraut zwischen den Weizenähren spross. In Gebieten mit weniger fruchtbaren Böden wie etwa Skandinavien war er allerdings schon bald beliebt, weil er auch auf ärmeren Böden gedeiht.

Im Handel gibt es Roggen in verschiedenen Formen zu kaufen: als Roggenkörner, Roggengrütze, Roggenflocken und Roggenmehl. Die Körner sind vom Spelz befreit, die Kleieschicht bleibt intakt. Das Korn ist weniger rund als das Weizenkorn und hat eine leicht grünliche Farbe. Roggengrütze sind die grob aufgebrochenen Körner. So wird der Roggen schneller gar. Roggenflocken hingegen ähneln den Haferflocken, sie sind nur ein wenig bissfester.

Roggenkörner und -flocken finden Sie im Naturkostladen. Roggenmehl gibt es gelegentlich auch im Supermarkt. Roggenkörner schmecken gut in Pilaw-Gerichten (Reispfanne). Roggenflocken können Sie mit Hafer- und Gerstenflocken zum morgendlichen Porridge kombinieren.

Roggenmehl

Das glutenhaltige Roggenmehl hat einen ausgeprägten Eigengeschmack. Roggenkörner schmecken leicht sauer, was man auch dem Mehl anmerkt. Wir kennen Roggen vor allem vom Pumpernickel, der ausschließlich aus Roggen besteht.

Die Farbe von Roggenmehl ist verschieden, je nachdem, wie stark es ausgemahlen ist. Je heller es aussieht, desto geringer ist der Kleieanteil und damit auch der Ballaststoffgehalt. In selbst gemahlenem Roggenmehl aus Körnern oder Grütze bleibt die Kleie natürlich erhalten. So bekommen Sie ein wundervolles dunkles Mehl mit hohem Ballaststoffanteil. Roggen enthält weniger Gluten als Weizen. Als alleiniges Getreide macht er jedes Backwerk schwer und dicht. Wenn Sie es leichter mögen, mischen Sie zwei Drittel Roggen- mit einem Drittel Weizenmehl.

Am besten mahlt man Roggen in der Getreidemühle, sei es nun elektrisch oder von Hand. Auch ein Hochleistungsmixer oder eine Kaffeemühle leisten hier gute Dienste. Wenn Sie Roggenflocken verwenden, dann zerkleinern Sie diese in der Küchenmaschine und sieben Sie die groben Bestandteile aus.

Maßangaben

1 Tasse Roggenkörner = 180 g
1 Tasse Roggenmehl = 120 g
1 Tasse (180 g) Roggenkörner = 1½ Tassen (180 g) Roggenmehl

Schwedisches Roggenbrot

Ich möchte Ihnen hier eine Schnellversion des Sauerteig-Rezepts meiner Großmutter vorstellen, das denselben süßen Geschmack hat und deutlich einfacher in der Zubereitung ist.

Ergibt 8 bis 10 Scheiben

- 2½ Tassen (300 g) Roggenmehl
- 1½ Teelöffel Backpulver
- ½ Teelöffel Meersalz
- ¼ Teelöffel Natron
- 3 große Eier
- ½ Tasse (120 g) Butter, zerlassen
- ½ Tasse (110 g) griechischer Joghurt (10 % Fett)
- ½ Tasse (120 ml) Vollmilch
- ½ Tasse (175 g) Sorghum-Melasse

Den Backofen auf 190 °C vorheizen. Eine 13 x 20 Zentimeter große Kastenform mit Butter oder Öl ausstreichen.

Roggenmehl mit Backpulver, Meersalz und Natron in einer großen Schüssel vermischen. Eier, Butter, Joghurt, Milch und Melasse in einer zweiten Schüssel verrühren. Die nassen Zutaten über die trockenen gießen und alles gut vermengen.

Den Teig in die Kastenform geben, glatt streichen und 50 bis 60 Minuten im Backofen backen. Die Oberfläche sollte auf Druck nicht mehr nachgeben. Mit einer Gabel hineinstechen. Wenn kein Teig daran haftet, das Brot aus dem Backofen nehmen. Das Brot auf einem Kuchengitter abkühlen lassen, erst dann aus der Form stürzen. In einem luftdicht verschlossenen Behälter bleibt das Brot bei Zimmertemperatur 2 bis 3 Tage frisch. Es lässt sich problemlos einfrieren.

Sorghum-Melasse wird aus den grünen Stielen von Sorghum (Zuckerhirse) hergestellt (siehe Seite 122). Ersatzweise können Sie auch Rübensirup verwenden.

Roggen-Crêpes mit Honigapfel und Joghurt

Crêpes mit Früchten und Honig gehören zu meinen Lieblingsdesserts. Süße Äpfel wie Gala oder Delicious schmecken hier am besten, Sorten wie Jonathan oder Boskop geben dem Gericht einen Hauch Säure.

Ergibt 6 bis 8 Crêpes

Für die Crêpes:

½ Tasse (60 g) Roggenmehl
1 Prise Meersalz
1 großes Ei
½ Tasse plus 2 Esslöffel (150 ml) Vollmilch
1 Esslöffel (15 g) Butter, zerlassen
2 Teelöffel Honig

Für die Honigäpfel:

3 Äpfel (600 g), vom Gehäuse befreit und in 6 mm dünne Scheiben geschnitten
¼ Tasse (85 g) Honig
1 Tasse (220 g) griechischer Joghurt (10 % Fett)

Für die Crêpes: Roggenmehl, Salz, Ei, Milch, Butter und Honig in einer großen Schüssel zu einem glatten, dünnflüssigen Teig verrühren.

Eine beschichtete Pfanne von 20 Zentimetern Durchmesser einölen und auf mittlerer Flamme erwärmen. Etwa ¼ Tasse (60 Milliliter) Teig in die Pfanne geben. Die Pfanne drehen, sodass der Teig kreisförmig verläuft und den Pfannenboden ganz bedeckt. Den Teig 30 Sekunden backen, dann wenden und weitere 15 Sekunden backen. Die Crêpes übereinander auf einen Teller legen.

Für die Honigäpfel: Apfelscheiben und Honig in eine Kasserolle geben und auf mittlerer Flamme 4 bis 5 Minuten garen, bis die Äpfel weich sind. Dabei gelegentlich umrühren.

Die Crêpes einzeln auf einen Teller legen. Auf eine Hälfte die Apfelfüllung geben und 1 bis 2 Esslöffel griechischen Joghurt danebensetzen. Die andere Crêpeshälfte darüberklappen. Mit ein paar Esslöffeln Apfelmasse und Joghurt garnieren.

Meist mache ich diese köstlichen Crêpes nur für meinen Mann und mich. Da wir nicht alle auf einmal essen können, bereite ich nur die Hälfte der Füllung zu und friere die restlichen Crêpes ein. Zu diesem Zweck sollten Sie die einzelnen Crêpes durch eine Lage Küchenpapier trennen. Frieren Sie sie in einem Behälter ein, damit sie nicht beschädigt werden. Sie tauen bei Zimmertemperatur schnell auf und können zum Dessert weiterverarbeitet werden.

French Toast mit Roggenbrot und Vanille-Kirschen

French Toast ist ein üppiges Frühstück, aber so mancher Morgen verlangt nun einmal nach dem Außergewöhnlichen. Natürlich können Sie die Vanille auch weglassen. Würzen Sie stattdessen mit 1 Prise Zimt.

Ergibt 2 Portionen

Für den French Toast:

2 große Eier

2 Esslöffel Konditorsahne (mind. 36 % Fett)

1 Esslöffel (15 g) Kokosfett

4 Scheiben Schwedisches Roggenbrot (Seite 32)

Für die Kirschen:

2 Tassen (360 g) entsteinte Kirschen

4 Teelöffel Ahornsirup

1 Esslöffel naturreiner Vanilleextrakt, wahlweise

Für den French Toast: Eier und Sahne in einer Schüssel mit einem Schneebesen verschlagen. Kokosfett in einer großen Pfanne auf mittlerer Flamme erhitzen.

Jeweils 1 Brotscheibe in die Eiermischung legen und wenden, bis sie von beiden Seiten genug Ei aufgesogen hat. Die Brotscheiben 3 bis 5 Minuten in der Pfanne braten, bis das Brot braun und knusprig ist. Dabei einmal wenden.

Für die Kirschen: Kirschen und Ahornsirup in einer kleinen Kasserolle zum Kochen bringen. Die Hitze reduzieren und 4 bis 6 Minuten köcheln lassen, bis die Kirschen weich sind und die Flüssigkeit entsprechend eindickt. Vom Herd nehmen und wahlweise den Vanilleextrakt einrühren.

Den French Toast mit Kirschen servieren.

KAMUT
(KHORASAN-WEIZEN)

Als ich zum ersten Mal auf einem Bio-Hof zu Gast war, nahm ich mir vor, mehr über traditionelle Ernährung zu lernen und ungewöhnliche Zutaten auszuprobieren. Der Hofladen machte mich mit Mangold, Kohlrabi und Puffbohnen bekannt. Mittlerweile habe ich diese Neugier auch aufs Getreide ausgedehnt und finde die Formen- und Farbenvielfalt der einzelnen Sorten einfach faszinierend. Da ich mein Smartphone immer dabei habe, kann ich sofort nachschauen, was ich da vor mir habe. Auf diese Weise habe ich Kamut entdeckt.

Kamut hat vermutlich von allen Getreidearten die interessanteste Geschichte. Man weiß zwar nicht genau, woher er wirklich kommt, doch dass er im alten Ägypten angebaut wurde, ist belegt. In die USA kam Kamut in den Vierzigerjahren durch einen amerikanischen Piloten. Doch es dauerte bis in die Siebziger, bis aus Kamut eine Erfolgsgeschichte wurde. Das Getreide wurde von einem Dozenten für Landwirtschaft wiederentdeckt, der sich den altägyptischen Namen „Kamut" patentieren ließ.

Kamut ist der Markenname für Khorasan-Weizen. Dass die Marke geschützt ist, sichert die Qualität des Getreides. Kamut wird biologisch angebaut und ist zu 99 Prozent frei von modernen Weizenzüchtungen. Der Proteingehalt liegt zwischen 12 und 18 Prozent. Das Korn selbst gleicht farblich modernem Weizen, ist aber doppelt so groß. Außerdem ist der Proteingehalt deutlich höher, was Kamut zu einem guten Ersatz für modernen Weizen macht.

Da Kamut so beliebt ist, ist er schwer zu bekommen. Am besten kaufen Sie ihn im Naturkostladen oder im Reformhaus, aber auch in gut sortierten Supermärkten finden Sie ihn.

Kamutmehl

Als ich anfing, Kamutmehl zu verbacken, erlebte ich eine ziemliche Überraschung. Ich hatte angenommen, es würde wie traditionelles Weizenmehl schmecken. Doch Kamut ist sehr viel milder und süßer, was sich auch im Mehl bemerkbar macht. Daher lässt sich Weizen in feinen Backwaren gut durch Kamut ersetzen. Da das Mehl selbst schon süßer im Geschmack ist, brauchen Sie weniger Süßungsmittel.

Am besten lässt sich Kamut in der Getreidemühle mahlen, ob nun elektrisch oder von Hand betrieben. Für kleine Mengen eignen sich auch Hochleistungsmixer oder Kaffeemühle. Ich empfehle die Einstellung „Feinmehl", sofern es die bei Ihrer Getreidemühle gibt. So wird Ihr Backwerk lockerer und Sie vermeiden die Schwere und Dichte, die Vollkornbackwaren aus selbst gemahlenem Mehl so häufig haben.

Kamutmehl bindet mehr Feuchtigkeit als Weizenmehl, daher sollten Sie in vorhandenen Rezepten 1 Tasse Weizenmehl nur durch eine ¾ Tasse Kamut ersetzen. Ich persönlich habe gute Erfahrungen mit folgendem Vorgehen gemacht: 1 Tasse Kamutmehl für 1 Tasse Weizenmehl, davon dann 1 bis 2 Esslöffel abnehmen. Oder Sie verwenden entsprechend mehr Flüssigkeit, zum Beispiel von der Milch oder von der zerlassenen Butter. So wird Ihr Gebäck schön saftig.

Maßangaben

1 Tasse Kamutkörner = 180 g
1 Tasse Kamutmehl = 120 g
1 Tasse (180 g) Kamutkörner = 1½ Tassen (180 g) Kamutmehl

Muffins aus Kamutmehl mit Heidelbeer-Ingwer-Fruchtmus

Meine Lieblingsrezepte fürs Frühstück sind:
Müsli mit Joghurt, Eier oder diese leckeren Muffins mit Erdnussmus
und Marmelade. Meist mache ich die doppelte Menge und friere sie ein.
Dann taue ich bei Bedarf ein oder zwei auf.

Ergibt 10 Muffins und 1 Tasse (320 Gramm) Fruchtmus

Für die Muffins:

1 Tasse (240 ml) Buttermilch
1 Päckchen Trockenhefe
3 Esslöffel Honig
2½ bis 2¾ Tassen (300 bis 330 g) Kamutmehl
1 Esslöffel (15 g) Butter, zerlassen
1 Teelöffel Meersalz
Maismehl zum Ausrollen

Für das Fruchtmus:

2½ Tassen (340 g) Heidelbeeren
2 Esslöffel Honig
1 Esslöffel Limettensaft, frisch gepresst
1 Teelöffel frischer Ingwer, gerieben

Das Fruchtmus bleibt im Kühlschrank in einem luftdicht verschlossenen Gefäß etwa 1 Woche frisch.

Für die Muffins: Buttermilch in einer kleinen Kasserolle erwärmen, aber nicht kochen (höchstens 43 bis 49 °C). Die warme Buttermilch mit Hefe und Honig in der Küchenmaschine (mit Knethaken) kurz vermengen. Das Ganze 5 bis 10 Minuten stehen lassen, bis die Hefe anfängt zu gären.

2 Tassen Mehl einrühren, dann Butter und Salz hinzugeben. Den Teig auf niedrigster Stufe durchkneten lassen. Weiterhin je eine Viertel Tasse Mehl (30 Gramm) einarbeiten, bis sich der Teig von den Seiten löst, aber immer noch klebrig ist.

Den Teig herausnehmen und zur Kugel formen. In eine dünn eingeölte Schüssel legen, mit einem feuchten Tuch bedecken und an einem warmen, zugfreien Ort etwa 1½ Stunden gehen lassen, bis sich sein Volumen verdoppelt hat.

Ein Nudelbrett mit Maismehl bestreuen. Den Teig darauf zu einer etwa 1 Zentimeter dicken Platte ausrollen. Mit einem runden Teigausstecher von etwa 7,5 Zentimetern Durchmesser (oder einer Tasse) Muffins daraus ausstechen und auf ein dünn eingeöltes Backblech geben. Die Teigreste erneut verkneten, ausrollen und noch 1 bis 2 Muffins daraus ausstechen. Die Muffins mit einem feuchten Tuch bedeckt 45 Minuten gehen lassen.

Den Backofen auf 200 °C vorheizen. Eine große Pfanne erhitzen. Die Muffins darin von beiden Seiten 2 bis 3 Minuten bräunen, dann wieder auf das Backblech setzen. Die Muffins 10 bis 12 Minuten im Backofen backen, bis sie fest sind. Vor dem Servieren etwas abkühlen lassen.

Für das Fruchtmus: Alle Zutaten in einer kleinen Kasserolle auf mittlerer Flamme erwärmen. Die Beeren mit einem Holzlöffel zerdrücken. Danach die Masse zum Kochen bringen und 10 bis 12 Minuten eindicken lassen. Zum Abkühlen und Andicken in den Kühlschrank stellen.

Zuckermais-Ricotta-Ravioli mit Basilikumbutter

Ich bin in Illinois aufgewachsen und habe jeden Sommer meiner Kindheit damit verbracht, die Farm mit dem besten jungen Mais zu finden. Damit haben wir uns dann vollgestopft. Der süße Geschmack des Kamutmehls passt wunderbar zu dieser Füllung.

Ergibt 4 Portionen (18 bis 20 grosse Ravioli)

Für den Ravioliteig:

2 Tassen (240 g) Kamutmehl

½ Teelöffel Meersalz

3 große Eier

Für die Füllung:

1 Esslöffel Olivenöl

½ mittelgroße rote Zwiebel (160 g), fein gewürfelt

Körner von 1 großen Maiskolben oder 1 Tasse (160 g) Tiefkühlmais, aufgetaut

¾ Tasse (180 g) Ricotta

½ Teelöffel Meersalz

½ Teelöffel frisch gemahlener schwarzer Pfeffer

Für die Basilikumbutter:

¼ Tasse (60 g) Butter

2 Esslöffel Olivenöl

1 Knoblauchzehe, fein gehackt

½ Tasse (20 g) frische Basilikumblätter, zu feinen Streifen geschnitten (locker geschichtet)

Wenn Sie keinen Ravioliscchneider haben, verwenden Sie ein Messer. Drücken Sie die Teigränder dann mit einer Gabel an.

Für den Teig: Kamutmehl und Salz auf einem sauberen Nudelbrett vermischen, zu einem Kegel aufhäufen und eine Vertiefung in die Mitte drücken. Eier in einer kleinen Schüssel verschlagen, in die Vertiefung geben und mit einer Gabel unter das Mehl arbeiten, bis sich ein Teig formt. Mit den Händen zur Kugel verkneten und ruhen lassen.

Für die Füllung: Olivenöl in einer großen Pfanne auf mittlerer Flamme erhitzen. Zwiebeln darin 6 bis 7 Minuten glasig dünsten. Maiskörner hinzugeben und 8 bis 10 Minuten weich garen, bis sie zu bräunen beginnen. In eine Schüssel geben, Ricotta, Salz und Pfeffer unterziehen und beiseitestellen.

Salzwasser in einem Topf zum Kochen bringen. Den Teig in 8 Stücke teilen. Jedes Stück mit dem Pasta-Aufsatz für die Küchenmaschine oder mit dem Nudelholz zu etwa 3 Millimeter dicken Streifen ausrollen. Den restlichen Teig mit einem feuchten Tuch bedecken. Der Teigstreifen sollte dünn sein, aber nicht reißen. Mit den restlichen Teigstücken ebenso verfahren.

4 Teigstreifen auf die Arbeitsfläche legen. Auf jeden Streifen 5 bis 6 Esslöffel von der Ricottafüllung geben und gleichmäßig verstreichen, dabei einen Rand frei lassen. Je 1 Teigstreifen darüberlegen. Die Teigstreifen mit dem Ravioliscchneider in Vierecke zerteilen. Je 4 bis 5 Ravioli auf einmal ins kochende Wasser geben und 5 bis 6 Minuten ziehen lassen, bis sie an der Oberfläche schwimmen. Mit einem Schaumlöffel herausholen, in eine Schüssel geben und warm halten, bis alle Ravioli gegart sind.

Für die Basilikumbutter: Butter in einer kleinen Kasserolle zerlassen und das Olivenöl unterrühren. Knoblauch und Basilikum einrühren und ziehen lassen, bis der Knoblauch duftet. Basilikumbutter unter die Ravioli heben und servieren.

Kamut-Birnen-Tarte Tatin

Als ich diesen Kuchen zum ersten Mal kostete, hat er mich einfach umgehauen. Manchmal tritt ja bei Kuchen der Geschmack des Weizens stark hervor, aber hier spielen Zimt, Kardamom, Ahornsirup und Birnen die erste Geige, während der Kamut den milden Kontrapunkt liefert. Köstlich mit Vanille-Eis oder einem Klecks Crème double.

Ergibt 6 bis 8 Portionen

¼ Tasse (60 ml) plus ½ Tasse (120 ml) Ahornsirup
1 oder 2 Kaiser-Alexander-Birnen (240 g), vom Gehäuse befreit und in 6 mm dünne Scheiben geschnitten
1½ Tassen (180 g) Kamutmehl
1 Teelöffel Backpulver
1 Teelöffel Zimtpulver
½ Teelöffel Kardamompulver
½ Teelöffel Meersalz
¼ Teelöffel Natron
2 große Eier
½ Tasse (110 g) griechischer Joghurt (10 % Fett)
⅓ Tasse (80 g) Butter, zerlassen und abgekühlt
Mark von ½ Vanilleschote

Den Backofen auf 190 °C vorheizen.

¼ Tasse Ahornsirup in einer feuerfesten Pfanne von 20 Zentimetern Durchmesser auf mittlerer Flamme erwärmen. Die Birnenscheiben kreisförmig und dachziegelartig hineinschichten, dabei in der Mitte beginnen. Die Birnen 2 bis 3 Minuten garen, bis sie weich sind und der Ahornsirup warm. Vom Herd nehmen.

Kamutmehl, Backpulver, Zimt, Kardamom, Salz und Natron in einer großen Schüssel vermischen. Eier, Joghurt, Butter, den restlichen Ahornsirup und Vanillemark in einer zweiten Schüssel verrühren. Die nassen Zutaten über die trockenen gießen und gründlich vermengen.

Den Teig über die Birnen gießen und glatt streichen. Die Tarte Tatin 22 bis 24 Minuten im Backofen backen. Mit einer Nadel hineinstechen. Wenn kein Teig daran hängen bleibt, den Kuchen aus dem Backofen nehmen und abkühlen lassen. Den Rand mit einem Messer vorsichtig lösen, dann eine runde Kuchenplatte auf die Form legen. Die Form stürzen, sodass der Kuchen auf die Platte gleitet. In einem luftdicht verschlossenen Behälter bleibt die Tarte Tatin bei Zimmertemperatur 2 bis 3 Tage frisch. Sollte sie danach trocken sein, den Kuchen mit einem Klecks Crème double servieren.

Ich verwende gern Kaiser-Alexander-Birnen, weil sie fest sind und auch gegart ihre Form behalten. Aber natürlich nehme ich auch andere Birnen, je nach Jahreszeit.

EMMER

Emmer, Einkorn und Dinkel sind alte Getreidearten, die häufig verwechselt werden. Dabei handelt es sich durchweg um Unterarten des Weizens (*Triticum*). Der wissenschaftliche Name des Emmers ist *Triticum dicoccum*, auch Zweikorn genannt. Der des Einkorns hingegen lautet *Triticum monococcum*, auch Kleiner Spelz. Der Dinkel oder Spelz wiederum wird wissenschaftlich als *Triticum aestivum subsp. spelta* bezeichnet. Und Grünkern heißen die noch grün geernteten Dinkelkörner. Da der Grünkern gedarrt wird, bindet sein Klebereiweiß nicht mehr. Daher kann er nicht zum Backen, sondern nur für Bratlinge oder Risotto verwendet werden.

Jede dieser Getreidesorten hat ihr charakteristisches Aroma, das sowohl beim Kochen als auch beim Backen zum Tragen kommt. Deshalb lassen sie sich auch nicht einfach gegeneinander austauschen.

Emmer (*Triticum dicoccum*)

Emmer hat sich in meiner Küche regelrecht breitgemacht. Ich habe mich sofort in seinen süß-nussigen Geschmack verliebt und in seine Beschaffenheit, die ihm mehr Biss verleiht, als es bei Weizenarten üblich ist. Daher mache ich gern Risotto aus Emmer, verwende ihn für Getreidesalate und schrote ihn für Porridge.

Emmer wächst in den bergigen Regionen Asiens und Europas. Besonders häufig wird er in Italien verarbeitet, wo er farro heißt und in typischen Gerichten der Toskana eine wichtige Rolle spielt. Sie finden Emmer hierzulande in Naturkostläden und Reformhäusern, aber auch im Internet. Meist kommt das nährstoffreiche Getreide als spelzfreies Vollkorn auf den Tisch. Nur selten wird er wie in Italien in der Perlform angeboten, bei der die äußere Schale etwas aufgeraut wurde und daher schneller gart.

Emmermehl

Emmermehl ist reich an Proteinen und Ballaststoffen, daher lässt es sich gut anstelle von Weizen verwenden. Sein Geschmack ist mild und eher süß, wodurch es dem Kamutmehl ähnelt. Vollkorn-Emmermehl ist gröber als die meisten Weizenmehle, also nicht gerade erste Wahl für Feingebäck. In Brot ist Emmermehl allerdings eine gute Ergänzung. Für feine Backwaren siebe ich die Kleieanteile aus. So eignet sich das Mehl auch für Pies (rechte Seite). Zunächst einmal sollten Sie aber Ihre Backexperimente mit dem Vollkornmehl beginnen. Sollten Sie tatsächlich Perl-Emmer brauchen, bekommen Sie ihn unter anderem in italienischen Feinkostläden. Sieben Sie auch hier die Kleiebestandteile aus.

Emmer lässt sich am besten in der Getreidemühle oder in einem Hochleistungsmixer mahlen. Für kleine Mengen eignet sich auch die Kaffeemühle. Gehen Sie dabei vor wie auf Seite 14 beschrieben. Ich ersetze in meinen Rezepten Weizen häufig durch Emmer, zum Beispiel beim Pitabrot (Seite 45). Manchmal verwende ich ihn auch statt Kamut wie bei den Muffins (Seite 37). Außerdem lässt sich Emmer gut zu Nudeln verarbeiten.

Maßangaben

1 Tasse Emmer (Vollkorn oder Perlform) = 180 g
1 Tasse Emmermehl = 120 g
1 Tasse (180 g) Emmer = 1½ Tassen (180 g) Emmermehl

Rosmarin-Süsskartoffel-Pies

Pies sind großartig für Wanderungen oder Picknicks. Sie können sie im Voraus backen und überallhin mitnehmen. Finden Sie das Gorgonzola-Aroma zu intensiv, greifen Sie zu milderen Käsesorten wie Mozzarella oder jungem Cheddar.

Ergibt 8 Pies

Für den Teig:

1½ Tassen (180 g) Emmermehl (siehe Tipp unten)

1 Esslöffel Vollrohrzucker

½ Teelöffel Meersalz

½ Tasse (120 g) kalte Butter, in Flocken

2 bis 3 Esslöffel Wasser

Für die Füllung:

2 Tassen (275 g) Süßkartoffeln, in Würfel geschnitten (1 große oder 2 mittelgroße Knollen)

2 Esslöffel Olivenöl

50 bis 60 g Gorgonzola, zerbröckelt

2 Esslöffel frischer Rosmarin, fein geschnitten

Den Backofen auf 200 °C vorheizen.

Für den Teig: Mehl, Zucker und Salz in der Küchenmaschine vermischen. Butter dazugeben und mit der Pulse-Taste einarbeiten. Sind die Teigkrümel erbsengroß, 1 Esslöffel Wasser unterarbeiten. So oft wiederholen, bis der Teig bindet. Den Teig aus der Küchenmaschine nehmen und zu einer großen Platte ausrollen. Den Teig dabei möglichst wenig bearbeiten. In Frischhaltefolie wickeln und im Kühlschrank aufbewahren, bis die Füllung fertig ist.

Für die Füllung: Süßkartoffelwürfel mit 1 Esslöffel Olivenöl beträufeln und mehrmals darin wenden. Süßkartoffeln auf ein Backblech legen und 25 bis 30 Minuten im Backofen backen, bis sie weich sind. Dann in eine Schüssel geben und mit Gorgonzola und Rosmarin vermischen, dabei leicht zerdrücken. Die Füllung ganz abkühlen lassen.

Den Teig aus dem Kühlschrank nehmen und noch 5 bis 10 Minuten ruhen lassen. Wenn er sich gut verarbeiten lässt, ihn in zwei Hälften teilen. Auf einer bemehlten Arbeitsfläche eine Hälfte zu einem 6 Millimeter dicken Viereck ausrollen. Das Viereck mit einem Messer in 4 kleine Vierecke teilen. In die Mitte jedes Vierecks 2 bis 3 Esslöffel Füllung geben. Eine Teighälfte so über die Füllung falten, dass ein Dreieck entsteht. Die Ränder mit einer Gabel festdrücken. Mit dem restlichen Teig genauso verfahren.

Die kleinen Pies auf das Backblech setzen und mit dem restlichen Olivenöl (15 Milliliter) bestreichen. Die Pies 15 Minuten im Backofen backen, bis sie braun und knusprig sind. Vor dem Verzehr etwas abkühlen lassen.

Wenn Sie Vollkorngetreide verwenden, bindet der Teig vermutlich nicht so gut. Nehmen Sie dann ein bisschen mehr Wasser oder zum Ausrollen Stärkemehl.

Pitabrot aus Emmermehl

Ich habe fast immer Pitabrot im Gefrierfach, das ich schnell auftauen kann. Ich liebe Pitabrot und verwende es für Sandwiches, Pizza oder einfach mit Hummus (Kichererbsenpüree) bestrichen als Snack. Dafür muss sich das Pitabrot allerdings gut aushöhlen lassen. Das klappt nur, wenn Sie die Brote nicht zu dünn machen und der Teig weich bleibt.

Ergibt 8 bis 10 Pitabrote

1 Päckchen Trockenhefe
1 Tasse (240 ml) handwarmes Wasser
2 Esslöffel Honig
3 bis 3½ Tassen (360 bis 420 g) Emmermehl
3 Esslöffel Olivenöl
1 Teelöffel Meersalz

Hefe, Wasser und Honig in der Küchenmaschine verkneten. Die Mischung 5 bis 10 Minuten ruhen lassen, bis die Hefe zu schäumen beginnt. Dann 2 Tassen (240 Gramm) Mehl, Olivenöl und Salz hinzugeben.

Den Teig auf niedrigster Stufe verkneten. Eine weitere Tasse (120 Gramm) Mehl hinzugeben. Weitere 5 Minuten kneten, dabei das restliche Mehl (etwa 15 Gramm) esslöffelweise dazugeben, bis sich der Teig von den Seiten löst. Er sollte sich gut weiterverarbeiten lassen, aber noch etwas klebrig sein. Den Teig zu einer Kugel formen und in eine mit Öl bepinselte Schüssel legen. Mit einem feuchten Tuch bedeckt an einem warmen, zugfreien Ort etwa 1½ Stunden gehen lassen.

Den Backofen auf 250 °C vorheizen. Auf die unterste Schiene einen Pizzastein legen und aufheizen.

Den Teig in 8 bis 10 Stücke teilen. Auf einer bemehlten Arbeitsfläche jedes Stück zu einem 6 Millimeter dicken Kreis ausrollen. Mit einem feuchten Tuch bedecken.

Je 2 Teigfladen 4 bis 5 Minuten auf dem Pizzastein im Backofen backen. Das Brot sollte schön aufgehen und eine goldene Kruste haben. Aus dem Backofen nehmen und mit einem feuchten Tuch bedecken, damit das Brot weich bleibt. Die restlichen Teigfladen genauso backen. Sobald die Pitabrote abgekühlt sind, lassen sie sich in einem luftdicht verschlossenen Gefäß einfrieren und auftauen, wenn sie gebraucht werden.

Der Teig sollte weich und noch ein bisschen klebrig sein, sich aber trotzdem gut verarbeiten lassen. Ist er zu klebrig, können Sie noch ein wenig Mehl unterkneten.

Tomaten-Cobbler mit Cracker-Topping

Eine meiner Leibspeisen im Sommer ist Beeren-Cobbler mit Vanille-Eis. Dabei werden Beeren mit einer Teigkruste überbacken. Hier habe ich dieses Gericht einmal in einer pikanten Form ausprobiert: saftige sommerliche Tomaten mit salziger Emmer-Kruste.

Ergibt 4 Portionen

Für die Füllung:

1 Esslöffel Olivenöl

1 kleine rote Zwiebel (ca. 100 g), fein gehackt

1 Knoblauchzehe, fein gehackt

450 g vollreife Kirschtomaten

2 Esslöffel getrockneter Thymian

½ Teelöffel frisch gemahlener schwarzer Pfeffer

¼ Teelöffel Meersalz

Für die Teigkruste:

1 Tasse (120 g) Emmermehl

2 Teelöffel Weinsteinbackpulver

¼ Teelöffel Meersalz

2 Esslöffel (30 g) kalte Butter, in Flocken

45 g kalter Frischkäse, in Flocken

3 Esslöffel Schnittlauch, fein gehackt

3 Esslöffel Buttermilch

2 Teelöffel Honig

1 Esslöffel Schlagsahne

Den Backofen auf 190 °C vorheizen.

Für die Füllung: Olivenöl in einer feuerfesten Pfanne auf mittlerer Flamme erhitzen. Zwiebeln hinzugeben und etwa 10 Minuten braun braten. Knoblauch hinzufügen und 1 weitere Minute mitgaren.

Die Hitze wegnehmen. Tomaten, Thymian, Pfeffer und Salz in die Pfanne geben und gut vermengen. Die Pfanne in den Backofen stellen und das Gemüse darin 25 Minuten backen.

Für die Teigkruste: In der Zwischenzeit Mehl, Backpulver und Salz in einer Schüssel gründlich vermischen. Die Butterflocken daraufsetzen und entweder in der Küchenmaschine mit der Pulse-Taste oder mit möglichst kühlen Händen locker einarbeiten. Frischkäse einarbeiten und den Teig in erbsengroße Stücke bröseln. Schnittlauch dazugeben.

Buttermilch und Honig verrühren, über den Bröselteig geben und verkneten oder mit der Pulse-Taste einarbeiten. Die Teigmischung mit dem Löffel auf den Tomaten verteilen. Edler sieht's aus, wenn Sie den Teig auf einer bemehlten Arbeitsfläche ausrollen, ihn in 4 Stücke teilen und die Tomatenmischung damit bedecken. Die Kruste mit der Sahne bestreichen.

Die Pfanne wieder in den Backofen schieben und den Cobbler weitere 20 Minuten backen, bis die Teigmasse fest ist und die Tomaten blubbern.

Wenn Sie keine feuerfeste Pfanne besitzen, braten Sie Zwiebeln und Knoblauch an und geben Sie sie dann in eine Auflaufform. Arbeiten Sie dann weiter wie oben beschrieben.

EINKORN

Den verschiedenen Weizensorten auf der Spur zu bleiben, ist inzwischen gar nicht mehr so einfach. Anfangs dachte ich noch, dass ohnehin alle gleich seien, aber das führte nur zu einer Menge fehlgeschlagener Backexperimente. Jede Weizenart hat einen anderen Glutenanteil und ihr eigenes Nährstoffprofil. Daher bindet sie Flüssigkeit unterschiedlich und schmeckt auch anders. Möglicherweise müssen Sie mit dem Einkorn auch ein bisschen herumexperimentieren, aber das ist die Mühe wirklich wert. Der milde Geschmack und die leichte Konsistenz sorgen dafür, dass sich Einkorn gut verarbeiten lässt.

Einkorn oder Kleiner Spelz ist eine der ältesten kultivierten Getreidearten und hat sich über die Jahrtausende hinweg unverändert erhalten. Der moderne Weizen hingegen wurde züchterisch massiv verändert. Kamut und Hartweizen zum Beispiel stammen vom Einkorn ab. Und da Einkorn unverändert blieb, ist seine Glutenstruktur anders als bei modernen Weizensorten. Einkorn enthält erheblich mehr Protein.

Die Körner sind deutlich kleiner als die von Emmer und Dinkel, daher nennt man Einkorn auch „Kleiner Spelz". In den letzten Jahren erfreut er sich wachsender Beliebtheit, doch das anspruchslose Korn wird nur noch in den Bergregionen Europas angebaut und ist selten im Handel erhältlich, meistens in Naturkostläden.

Einkornmehl

Da Einkorn eine andere Glutenstruktur hat, schlugen meine ersten Backversuche vollkommen fehl. Ich bereitete Brot in der Küchenmaschine zu und wartete und wartete, dass sich der Teig von den Seiten löst, und gab dabei immer mehr Mehl hinzu. Irgendwann nahm ich den Teig dann heraus und ließ ihn gehen. Als ich das Brot aus dem Backofen holte, war daraus ein schwerer Ziegelstein geworden. Selbst schuld!

Einkornmehl nimmt ganz langsam Wasser auf. Wenn der Teig daher längere Zeit gehen muss, sollte er noch ziemlich feucht sein. In der Ruhezeit nimmt das Mehl das Wasser auf, sodass Sie den Teig gut verarbeiten können.

Einkorn lässt sich am besten in der Getreidemühle oder in einem Hochleistungsmixer mahlen. Es ist ein süßes, leichtes Mehl, das sich gut in Rezepten für Weizenmehl verwenden lässt. Besonders lecker schmeckt es in Feingebäck und Pies. Wenn Sie in einem Brotrezept Weizen durch Einkorn ersetzen, sollten Sie die Flüssigkeitsmenge erhöhen oder die Menge des Mehls entsprechend reduzieren. Für Fladenbrote und Pfannkuchen nehmen Sie 1 bis 2 Esslöffel weniger Mehl als verlangt oder 1 bis 2 Esslöffel mehr Flüssigkeit pro Tasse angegebener Flüssigkeit.

Maßangaben

1 Tasse Einkornkörner = 180 g
1 Tasse Einkornmehl = 100 g
1 Tasse (180 g) Einkorn = etwa 1 Tasse (180 g) Einkornmehl

Hamburgerbrötchen aus Einkorn

Bestimmte Rezepte gehören einfach zur alltäglichen Küchenroutine, zum Beispiel Hamburgerbrötchen. Zu Beginn der Grillsaison backe ich immer eine große Menge von diesen Brötchen, die ich einfriere und in den kommenden Wochen verbrauche. Die Leichtigkeit des Einkornmehls macht diese Brötchen zu einer großartigen Beilage für jeden Grillabend.

Ergibt 12 Brötchen

1 Tasse (240 ml) handwarmes Wasser
1 Päckchen Trockenhefe
¼ Tasse (85 g) Honig
6 Tassen (600 g) Einkornmehl
3 große Eier
¼ Tasse (60 g) Butter, zerlassen
1 Teelöffel Meersalz
1 Esslöffel Wasser
1 bis 2 Esslöffel Sesam- und/oder Mohnsamen

Warmes Wasser, Hefe und Honig in einer großen Schüssel verrühren. 5 bis 10 Minuten gehen lassen, bis die Hefe zu schäumen anfängt. 4 Tassen (400 Gramm) Mehl, 2 Eier, Butter und Salz hinzugeben. Alles gut unterrühren. Nach und nach esslöffelweise mehr Mehl einrühren. Wenn der Teig zu fest wird, ihn auf eine bemehlte Arbeitsfläche geben und durchkneten, bis das ganze Mehl verarbeitet ist. Der Teig wird immer noch nass wirken, doch Sie sollten dem Drang widerstehen, mehr Mehl zu verwenden. Den Teig in eine Schüssel geben, mit einem feuchten Tuch bedecken und an einem warmen, zugfreien Ort etwa 1½ Stunden gehen lassen.

Den Teig auf einer bemehlten Arbeitsfläche in 12 gleich große Stücke teilen und zu Kugeln rollen. Mehr Mehl hinzugeben, falls der Teig noch klebrig sein sollte. Jeweils 1 Kugel auf ein mit Backpapier ausgelegtes Backblech setzen und zu einem etwa 1 Zentimeter dicken Fladen von 8 Zentimetern Durchmesser flach drücken. Erneut mit einem feuchten Tuch bedecken und 1 Stunde gehen lassen.

Den Backofen auf 200 °C vorheizen.

Restliches Ei und Wasser mit einer Gabel verrühren. Die Brötchen damit bestreichen und mit den Sesam- bzw. Mohnsamen bestreuen. Die Brötchen 10 bis 12 Minuten im Backofen backen, bis sie schön aufgegangen sind und eine goldene Kruste haben. Vor dem Aufschneiden abkühlen lassen.

Da Einkorn Wasser nur sehr langsam aufnimmt, sollten Sie den Teig auf jeden Fall von Hand kneten und nicht mit dem Handmixer bzw. in der Küchenmaschine, weil er sonst schlecht bindet. So kommen Sie nicht in Versuchung, mehr Mehl dazuzugeben, als Sie wirklich brauchen.

Zimtschnecken

In der Stadt, in der ich aufgewachsen bin, gibt es ein Café, das für seine Zimtschnecken berühmt ist. Ich habe mich immer gefragt, wieso die so knusprig sind. Dann forschte ich nach: Man verwendet dort keinen Hefeteig, sondern Mürbeteig. Diese Zimtschnecken bringen mir meine Kindheit zurück. Außerdem sind sie auch noch schneller zuzubereiten als die Hefeversion.

Ergibt 8 Zimtschnecken

Für den Teig:

3 Tassen (300 g) Einkornmehl
1 Esslöffel Weinsteinbackpulver
½ Teelöffel Meersalz
6 Esslöffel (85 g) kalte Butter, in Flocken
½ Tasse (120 ml) Buttermilch
1 großes Ei
1 Esslöffel Honig

Für die Füllung:

¼ Tasse (60 g) plus 2 Esslöffel (30 g) Butter, zerlassen
6 Esslöffel Mascobadozucker
3 Teelöffel Zimtpulver

Den Backofen auf 220 °C vorheizen. Ein Backblech mit Backpapier auslegen.

Für den Teig: Einkornmehl, Backpulver und Salz in einer großen Schüssel vermischen. Butterflocken hinzugeben und mit möglichst kühlen Händen oder 2 Messern einarbeiten, bis der Teig bröselig ist. Buttermilch, Ei und Honig in einer kleinen Schüssel verrühren. Die Mischung über die Teigbrösel geben und mit Messer oder Händen einarbeiten, bis der Teig bindet.

Den Teig auf einer bemehlten Arbeitsfläche zu einem 20 x 30 Zentimeter großen Rechteck formen. Mit ¼ Tasse (55 Gramm) zerlassener Butter bestreichen. 4 Esslöffel Zucker mit 2 Teelöffeln Zimt vermischen und über die Butter streuen. Den Teig aufrollen und mit der restlichen zerlassenen Butter bestreichen. 2 Esslöffel Zucker mit 1 Teelöffel Zimt vermischen und über die Rolle streuen. Die Rolle in 8 gleich große Scheiben schneiden. Diese auf das Backpapier setzen.

Die Zimtschnecken 18 bis 20 Minuten im Backofen backen, bis ihre Oberfläche braun und knusprig ist. Aus dem Backofen nehmen und vor dem Servieren leicht abkühlen lassen. Diese Zimtschnecken schmecken frisch am besten, bleiben aber in einem luftdicht verschlossenen Behälter bei Zimmertemperatur 2 bis 3 Tage frisch.

Zitronen-Honig-Schnitten

Für diese Schnitten verwende ich eine puddingähnliche Eiercreme, die intensiv nach Zitrone duftet. Wenn Ihnen die Zitronenschnitten so zu säuerlich sind, können Sie noch bis zu ¼ Tasse (85 Gramm) Honig dazugeben. Auch mit Limetten- oder Orangensaft schmeckt diese Leckerei köstlich.

Ergibt 16 kleine oder 9 grosse Schnitten

Für den Teig:

1 ¼ Tassen (125 g) Einkornmehl
¼ Tasse (60 g) Butter, zerlassen
2 Esslöffel Honig

Für die Füllung:

4 große Eier
½ Tasse (170 g) Honig
⅓ Tasse (80 ml) Zitronensaft, frisch gepresst
⅓ Tasse (80 ml) Wasser
1 Esslöffel Schale von Bio-Zitronen, fein geraspelt
Mark von ½ Vanilleschote
¼ Tasse (25 g) Einkornmehl

Den Backofen auf 180 °C vorheizen. Eine 20 x 20 Zentimeter große Auflaufform dünn einfetten.

Für den Teig: Mehl, Butter und Honig in einer mittelgroßen Schüssel vermengen und zum Teig verkneten. Den Teig in die Auflaufform geben und so andrücken, dass der Boden ganz bedeckt ist. Den Teig 15 bis 20 Minuten im Backofen backen, bis die Kruste golden ist. Dann 10 bis 15 Minuten abkühlen lassen.

Für die Füllung: Eier, Honig, Zitronensaft, Wasser, Zitronenschale, Vanillemark und Mehl in einen Mixer geben und zu einem glatten Püree mixen. Die Creme auf die abgekühlte Teigplatte geben. Die Auflaufform wieder in den Backofen stellen und 20 bis 22 Minuten backen, bis die Creme fest ist. Vor dem Schneiden abkühlen lassen. Dann in 16 kleine oder 9 große Vierecke schneiden. In einem luftdicht verschlossenen Behälter halten sich die Schnitten 3 bis 4 Tage.

DINKEL
(SPELZ)

Dass es so etwas wie Dinkel überhaupt gibt, ist mir irgendwie entgangen. Ich habe die Bezeichnung höchstens einmal bei den Zutaten für Fünfkornbrote gelesen, vielleicht auch einmal bei Nudeln, aber mehr hatte ich mit Dinkel nicht zu tun. Als ich anfing, mein Mehl selbst zu mahlen, kaufte ich Dinkel für ein Mischbrot. Wie ich es immer tue, probierte ich die Körner zuvor gekocht aus und siehe da, sie schmeckten herzhaft, nussig und waren ausgesprochen bissfest. Seitdem habe ich immer ein Glas Dinkelkörner zu Hause und mache daraus Getreidesalat oder Brot.

Die Ursprünge des Dinkels liegen im Dunkeln. Er gehört zwar zu den ältesten Getreidearten, doch man weiß nicht genau, ob er aus Asien oder aus Mitteleuropa stammt. Im Mittelalter war er beliebt und wurde schon von Hildegard von Bingen in ihrem Buch über Naturheilmittel mit dem Titel *Physica* beschrieben.

Der Spelz, die äußere Schicht, ist beim Dinkel mit dem Korn verwachsen und muss in einem separaten Arbeitsgang entfernt werden. Aus diesem Grund bezeichnet man ihn auch schlicht als „Spelz". Dinkel enthält weniger Gluten als moderner Weizen. Er kann auch grün geerntet werden, dann lässt er sich zwar nicht zum Backen verwenden, doch das als „Grünkern" bezeichnete Korn gibt leckere Getreidesalate und Bratlinge ab. Dinkel wird in Europa immer beliebter, er gilt allgemein als verträglicher als der moderne Weizen. Für Glutenallergiker ist er allerdings nicht geeignet. Sie erhalten Dinkel in Naturkostläden und Reformhäusern.

Dinkelmehl

Dinkel ist zwar mit dem Weizen verwandt, doch reagiert er beim Backen anders als dieser. Dinkelmehl ist stärker wasserlöslich, man braucht also beim Backen weniger Flüssigkeit. Wenn Sie in einem Rezept Weizen durch Dinkel ersetzen wollen, sollten Sie 2 bis 3 Esslöffel weniger Flüssigkeit verwenden. Ich glaube fest an das alte Sprichwort, dass man Flüssigkeit jederzeit zugeben, aber schlecht wieder entfernen kann. Arbeiten Sie dabei ganz nach Gefühl (und Erfahrung): Wirkt der Teig zu trocken, geben Sie esslöffelweise mehr Wasser hinzu.

Dinkel lässt sich gut zu Hefebroten verarbeiten, allerdings dürfen Sie den Teig aufgrund der Glutenstruktur von Dinkel nicht so stark durchkneten, sonst wird er schnell krümelig.

Mahlen hingegen dürfen Sie Dinkel ganz genauso wie die anderen Weizenarten: am besten mit einer Getreidemühle, fallweise auch mit einem Hochleistungsmixer. Manchmal finden Sie im Laden Dinkelmehl in verschiedenen Ausmahlungsgraden: Type 630 entspricht der üblichen Weizenmehltype 405 für feine Backwaren. Type 812 und 1050 haben eine dunklere Farbe und einen kräftigeren Geschmack. Vollkornmehl lässt sich gut zu Hause mahlen, dann können Sie all die wertvollen Makro- und Mikronährstoffe des Dinkels nutzen.

Maßangaben

1 Tasse Dinkelkörner = 180 g
1 Tasse Dinkelmehl = 120 g
1 Tasse (180 g) Dinkelkörner = 1 ½ Tassen (180 g) Dinkelmehl

Cheddar-Rosmarin-Dinkelscones

Scones sind mein absolutes Lieblingsgebäck. Normalerweise mache ich die süße Variante, aber diese herzhafte Form gibt ein wunderbares Abendessen oder einen Snack für zwischendurch. Sie können Käse und Kräuter ganz nach Belieben wählen, ich bin ein Fan der Kombination von Cheddar und Rosmarin.

Ergibt 6 bis 8 Scones

- **1½ Tassen (180 g) Dinkelmehl**
- **2 Esslöffel Vollrohrzucker**
- **2¼ Teelöffel Weinsteinbackpulver**
- **½ Teelöffel Meersalz**
- **¼ Teelöffel Natron**
- **6 Esslöffel (85 g) kalte Butter, in Flocken**
- **2 Esslöffel frischer Rosmarin, fein gehackt**
- **1½ Tassen (150 g) Cheddarkäse, grob gerieben**
- **1 Eigelb**
- **¼ Tasse plus 2 Esslöffel (90 ml) Buttermilch**
- **2 Esslöffel Konditorsahne (mind. 36 % Fett)**

Den Backofen auf 220 °C vorheizen. Ein Backblech dünn einölen oder mit Backpapier auslegen.

Dinkelmehl, Zucker, Backpulver, Salz und Natron in einer großen Schüssel gründlich vermischen. Butterflocken mit einem Edelstahlteigmischer untermengen oder mit möglichst kühlen Händen einarbeiten, bis etwa erbsengroße Brösel entstehen. Rosmarin und 1¼ Tassen (125 Gramm) geriebenen Käse einarbeiten. Eigelb und Buttermilch in einer kleinen Schüssel mit einer Gabel verrühren. Über die Bröselteigmasse geben und einarbeiten, bis der Teig bindet.

Mit einem Esslöffel Teigstücke abstechen und auf eine bemehlte Arbeitsfläche setzen. Den Teig etwa 1 Zentimeter dick ausrollen und 6 bis 8 Dreiecke daraus ausschneiden. Die Dreiecke auf das Backblech setzen, dabei zwischen den Teigstücken 2,5 bis 5 Zentimeter Platz lassen. Die Scones mit der Konditorsahne bestreichen und mit dem restlichen Käse (¼ Tasse oder 25 Gramm) bestreuen. Die Scones 15 bis 18 Minuten im Backofen backen, bis sie eine schöne goldene Farbe haben und auf Druck nicht mehr nachgeben. Auf dem Backblech 5 Minuten auskühlen lassen, dann auf ein Kuchengitter legen, wo sie ganz abkühlen dürfen. In einem luftdicht verschlossenen Behälter halten die Scones sich bei Zimmertemperatur gut 2 bis 3 Tage. Sie können sie aber auch einfrieren und später verwenden.

Wenn Sie bei Ihrem Lebensmittelhändler keine Konditorsahne finden, geben Sie stattdessen 100 Milliliter normale Sahne und 1 Esslöffel Doppelrahmfrischkäse in den Mixer und rühren Sie beides glatt.

Schichtbrötchen aus Dinkelmehl

Obwohl Hefeteig mit Dinkel etwas heikel ist, gehören diese Schichtbrötchen zu meinem Standardrepertoire, weil sich Dinkel mit fast allen Geschmacksrichtungen kombinieren lässt. So können Sie die Brötchen mit Olivenöl bestreichen und nach Belieben mit Kräutern, Käse oder Knoblauch bestreuen, bevor Sie die knusprigen Köstlichkeiten backen.

Ergibt 9 bis 12 Brötchen

¾ Tasse (180 ml) handwarmes Wasser

1 Päckchen Trockenhefe

2 Esslöffel Honig

2½ Tassen (300 g) Dinkelmehl

2 Esslöffel Olivenöl oder zerlassene Butter, plus etwas zum Bestreichen

½ Teelöffel Meersalz

1 großes Ei

1 Esslöffel Wasser

Warmes Wasser, Hefe und Honig in die Küchenmaschine geben und kurz mit den Knethaken vermengen. 5 bis 10 Minuten stehen lassen, bis die Hefe zu schäumen anfängt. 2 Tassen (240 Gramm) Mehl, 2 Esslöffel Olivenöl oder Butter und Salz hinzugeben und auf niedriger Stufe zu einem Teig verarbeiten. Esslöffelweise mehr Mehl einarbeiten, bis der Teig sich von den Seiten zu lösen beginnt.

Den Teig herausnehme n und zu einer Kugel formen. In eine dünn eingeölte Schüssel geben, mit einem feuchten Tuch bedecken und an einem warmen, zugfreien Ort 1 bis 1½ Stunden gehen lassen, bis sich sein Volumen verdoppelt hat.

Den Teig auf einer bemehlten Arbeitsfläche zu einem 20 x 30 Zentimeter großen Rechteck ausrollen, mit Olivenöl oder zerlassener Butter bestreichen und der Breite nach in 6 Streifen schneiden. (So ist es einfacher.) Die Streifen exakt übereinanderlegen und in 9 bis 12 Stücke schneiden. Ein Muffinblech für 12 Muffins gut mit Öl auspinseln. In jede Vertiefung einen Teigstreifenstapel setzen, erneut mit einem feuchten Tuch bedecken und 1 Stunde gehen lassen.

Den Backofen auf 200 °C vorheizen.

Ei und Wasser mit einer Gabel in einer kleinen Schüssel verrühren. Die Brötchen damit bestreichen und 15 bis 18 Minuten im Backofen goldbraun backen. 5 Minuten abkühlen lassen, danach aus der Form nehmen. In einem luftdicht verschlossenen Behälter halten sich die Brötchen 1 bis 2 Tage frisch. Sie lassen sich aber auch gut einfrieren.

Zucchini-Mais-Empanadas

Diese vegetarischen Teigtaschen sind ideal zum Mitnehmen und lassen sich wunderbar auf der Hand essen, ohne dass die Finger danach vor Fett triefen. Wenn Sie den Teig in kleinere Portionen teilen, erhalten Sie einen perfekten Partysnack. Reichen Sie dazu griechischen Joghurt.

Ergibt 12 Empanadas

Für den Teig:

2¼ Tassen (270 g) Dinkelmehl

1½ Teelöffel Meersalz

10 Esslöffel (140 g) kalte Butter, in Flocken

1 großes Ei

2 Esslöffel Crème double

Für die Füllung:

1 Esslöffel Olivenöl

1 kleine rote Zwiebel, fein gewürfelt

2 kleine Jalapeño-Chilischoten, fein geschnitten

1 mittelgroße Zucchini (250 g), fein gewürfelt

Körner von 2 mittelgroßen Maiskolben oder 1¾ Tassen (300 g) Tiefkühlmais, aufgetaut

½ Tasse (10 g) frisches Koriandergrün, gehackt

½ Teelöffel Meersalz

¼ Teelöffel Chiliflocken

Saft von 1 Limette

Zum Zusammensetzen:

1 großes Ei

1 Esslöffel Wasser

Paprikapulver zum Bestreuen

Für den Teig: Mehl und Salz in einer mittelgroßen Schüssel vermischen. Butter mit einem Teigmischer, einem Messer oder möglichst kühlen Händen einarbeiten, bis sich erbsengroße Teigbrösel bilden. Ei und Crème double in einer zweiten Schüssel verrühren. Über die trockenen Zutaten geben und mit einer Gabel unterarbeiten, bis der Teig bindet. Den Teig auf einer bemehlten Arbeitsfläche verkneten. Den Teig in Frischhaltefolie wickeln und im Kühlschrank 30 Minuten kalt stellen.

Für die Füllung: Öl in einer Pfanne erhitzen und Zwiebeln und Jalapeños 4 bis 5 Minuten darin anbraten, bis die Zwiebeln duften. Zucchini und Maiskörner hinzugeben, 6 bis 8 Minuten weiterbraten, bis beides braun wird.

Gemüse mit Koriandergrün, Salz, Chiliflocken und Limettensaft in die Küchenmaschine geben und 4- bis 5-mal die Pulse-Taste drücken. Die Mischung sollte noch grobkörnig sein. Im Kühlschrank abkühlen lassen, während Sie den Empanadateig ausrollen.

Den Backofen auf 190 °C vorheizen. Ein Backblech mit Backpapier auslegen.

Zum Zusammensetzen Ei und Wasser mit einer Gabel verrühren. Den Teig in 12 Stücke teilen. Jedes Teigstück zu einem 3 Millimeter dicken Kreis von 15 Zentimetern Durchmesser ausrollen. Etwas mehr als ¼ Tasse (50 Gramm) der Füllung auf eine Teighälfte geben. Die Ränder mit der Eimischung bepinseln, die andere Teighälfte darüberklappen und die Ränder aufeinanderdrücken. Empanadas auf das Backblech setzen, mit der Eimischung bepinseln und mit Paprika bestreuen.

Die Empanadas 25 Minuten im Backofen backen, bis sie goldbraun sind. Vor dem Servieren ein wenig abkühlen lassen. In einem luftdicht verschlossenen Behälter im Kühlschrank bleiben sie 1 bis 2 Tage frisch.

WEIZEN

Bevor ich mich mit Vollkornmehl beschäftigte, habe ich immer handelsübliches Weizenmehl aus dem Supermarkt gekauft und mich nicht einmal gefragt, was ich da eigentlich verwende und ob es für das, was ich daraus machen wollte, überhaupt geeignet war. Ich brauchte Jahre, um zu begreifen, was handelsübliches Weizenmehl mit Weizenmehl und Weizenkörnern zu tun hat. Zunächst einmal ist Weizenmehl aus dem Supermarkt zwar Weizenmehl, doch es enthält nicht mehr alle natürlichen Nährstoffe des Weizens. Häufig wurde es obendrein noch gebleicht, damit man dem Weizen seine Farbe nicht mehr ansieht. Mit anderen Worten: Backwaren aus handelsüblichem Mehl machen zwar voll, aber nicht satt.

Jedes Weizenkorn besteht im Wesentlichen aus drei Schichten: aus Kleie, Keim und Endosperm. Der Hauptteil der Mikronährstoffe sitzt in der äußeren Kleieschicht. Bei weißem Mehl wird diese Schicht entfernt. Manchmal wird sie dann separat als Weizenkleie verkauft. Bei einem zweiten Mahlvorgang wird der Keim abgeschliffen, der ebenfalls als eigenes Produkt verkauft wird. Übrig bleibt das Endosperm oder der Mehlkörper, der zu Mehl vermahlen und häufig gebleicht wird. Wenn Sie Ihren Weizen selbst mahlen, bleiben Ihnen alle wertvollen Inhaltsstoffe erhalten.

Als ich anfing, selbst Weizen zu mahlen, mischte ich immer mehr von meinem Vollwertmehl in die Rezepte. Eines Tages wurde mir bewusst, dass ich immer noch zu Weißmehl aus Weizen griff, wenn ich besonders feine Backwaren haben wollte. Irgendwann aber mochte ich auf den Geschmack des vollen Korns nicht mehr verzichten. Zugegeben: Backwaren aus Vollkornmehl haben mit den luftig-leichten weißen Gebilden aus handelsüblichem Mehl nicht viel gemein, doch dafür besitzen sie einen intensiven Eigengeschmack, der zum Gesamtaroma beiträgt. Und so habe ich mich regelrecht in Vollweizen verliebt, da er jedem Backwerk eine körnige Note verleiht.

Bei all den Weizensorten, die es mittlerweile gibt, möchte man annehmen, dass normaler Weizen ganz unten auf meiner Einkaufsliste rangiert. Weit gefehlt. Das liegt zum Teil auch daran, dass Bio-Weizen jederzeit erhältlich ist. Ich habe immer die verschiedensten Weizenarten und -sorten zu Hause, damit ich sie ganz nach Belieben in meinen Rezepten verwenden kann.

Weizen ist nach Reis und Mais das meistangebaute Getreide der Welt und gehört zu den schon früh kultivierten Getreidearten. Er scheint seinen Ursprung vor Tausenden von Jahren in der Türkei gehabt zu haben. Heute werden in der Hauptsache solche Sorten angebaut, die aus dem traditionellen Emmer gezüchtet wurden.

Bei den verschiedenen Weizenarten wird generell zwischen Hartweizen (*Triticum durum*) und Weichweizen (*Triticum aestivum*) unterschieden, die sich bei der Verarbeitung jeweils anders verhalten. Hartweizen hat einen hohen Proteingehalt, was ihn zum idealen Getreide für Brot oder Nudeln macht. Weichweizenmehl hingegen lässt sich sehr fein vermahlen, weshalb es für Feinbackwaren und Pies geeignet ist.

Hart- und Weichweizen werden zu unterschiedlichen Jahreszeiten gesät und geerntet. Kaufen Sie ruhig verschiedene Sorten, damit Sie ausprobieren können, welche Ihnen geschmacklich am meisten zusagt. Sie finden Weizen als Vollkorn in Naturkostläden und Reformhäusern.

Hartweizenmehl

Ich kann mich noch gut daran erinnern, wie meine Mutter einmal versuchte, die Familie zu Vollkorngetreide zu bekehren. Ich war ein eingefleischter Weißbrotfan und alles, was nicht aussah wie die großen, luftigen Scheiben, fand ich im höchsten Grad suspekt. Mittlerweile habe ich mich bei meiner Mutter mehrfach entschuldigt.

Mit zunehmendem Wissen und Erfahrung verfiel auch ich dem nussig-erdigen Geschmack von Vollkornweizen in Brot, Pasta und Pizza. Ich liebe Hartweizen, aber für Menschen, die den Geschmack des vollen Korns noch nicht kennen, arbeite ich gern auch einmal mit feinerem Vollkornmehl, das ich ein wenig ausgesiebt habe. Am liebsten mische ich Weich- und Hartweizenmehle.

Maßangaben

1 Tasse Weizenkörner = 180 g

1 Tasse Weizenmehl = 120 g

1 Tasse (180 g) Weizenkörner = 1½ Tassen (180 g) Weizenmehl

Honig-Weizenbrot

Selbst gebackenes Brot hält meist nicht so lange wie gekauftes, weil es ja keine Konservierungsmittel enthält. Aber altes Brot lässt sich prima zu Croûtons verarbeiten. Dafür das Brot in 1 Zentimeter große Würfel schneiden, Kräuter und Olivenöl darübergeben und 15 bis 20 Minuten im Backofen bei 220 °C rösten.

Ergibt 12 bis 16 Scheiben

- **1½ Tassen (360 ml) handwarmes Wasser**
- **1 Päckchen Trockenhefe**
- **¼ Tasse (85 g) Honig**
- **4 bis 4½ Tassen (480 bis 540 g) Vollkorn-Weizenmehl**
- **¼ Tasse (60 ml) Olivenöl oder zerlassene Butter, plus 1 bis 2 Esslöffel Olivenöl mehr zum Bestreichen**
- **1½ Teelöffel Meersalz**

Warmes Wasser, Hefe und Honig in die Küchenmaschine geben und kurz verkneten. 3 bis 4 Minuten ruhen lassen, bis die Hefe zu schäumen anfängt. 2 Tassen (240 Gramm) Weizenmehl, ¼ Tasse (60 Milliliter) Olivenöl oder zerlassene Butter und Salz hinzugeben und gut vermengen.

Auf niedrigster Stufe so lange esslöffelweise Mehl hinzugeben und gut einarbeiten, bis der Teig sich von den Seiten der Rührschüssel löst. Noch 2 bis 3 Minuten weiterkneten, bis der Teig weich und noch ganz leicht klebrig ist. Die Knethaken herausnehmen, die Schüssel mit einem feuchten Tuch bedecken und den Teig an einen warmen, zugfreien Ort 1 bis 1½ Stunden gehen lassen.

Den Teig auf einer bemehlten Arbeitsfläche zu einem Rechteck von 20 x 25 Zentimetern ausrollen. Die Teigplatte aufrollen und mit der Nahtstelle nach unten in eine dünn eingeölte, 11 x 21 Zentimeter große Kastenform setzen. Mit einem feuchten Tuch bedecken und noch einmal etwa 1 Stunde gehen lassen. Den Backofen auf 190 °C vorheizen.

Sobald der Laib ein zweites Mal gegangen ist, ihn mit Öl bestreichen und 35 bis 40 Minuten im Backofen backen, bis das Brot eine goldene Kruste hat. Wenn Sie auf die Kruste klopfen, sollte das Brot sich hohl anhören. Das Brot in der Form 10 Minuten auskühlen lassen, dann auf einem Kuchengitter auskühlen lassen. Im Brottopf bleibt das Brot 2 bis 3 Tage frisch, es lässt sich aber auch gut einfrieren.

Eine leckere Variation: Die Teigplatte vor dem Aufrollen mit ¼ Tasse (60 Gramm) zerlassener Butter bestreichen und mit 2 Esslöffeln Zimt bestreuen. Das gibt ein hübsches Spiralmuster und einen duftenden Toast zum Frühstück.

Zimt-Schichtbrötchen

Ich liebe den Geschmack von Zimt in meinem Frühstücksgebäck. Manchmal würze ich sogar mein Honig-Weizenbrot (Seite 60) mit Zimt, um mir morgens damit eine Scheibe Toast zu machen. Diese Zimtbrötchen versüßen jedes Sonntagmorgenfrühstück im Bett mit einer dampfenden Tasse Kaffee und einem guten Buch.

Ergibt 6 grosse Brötchen

Für den Teig:

½ Tasse (120 ml) handwarme Vollmilch

2 Esslöffel Ahornsirup

2½ Teelöffel Trockenhefe

2¼ bis 2½ Tassen (270 bis 300 g) Vollkorn-Weizenmehl

2 große Eier

¼ Tasse (60 g) Butter, zerlassen

½ Teelöffel Meersalz

Für die Füllung:

⅓ Tasse (80 g) Butter, zerlassen

¼ Tasse (60 g) Mascobadozucker

¼ Tasse (50 g) Vollrohrzucker

2 Esslöffel Zimtpulver

Für den Teig: Milch, Ahornsirup und Hefe in die Küchenmaschine geben und kurz mit den Knethaken vermengen, dann ruhen lassen, bis die Hefe aktiv wird und die Mischung schäumt. 1½ Tassen (180 Gramm) Mehl, Eier, Butter und Salz hinzugeben und alles gut verkneten.

Auf niedrigster Stufe so lange esslöffelweise Mehl hinzugeben und einarbeiten, bis der Teig anfängt, sich von den Seiten der Rührschüssel zu lösen. Er sollte noch weich, aber nicht mehr klebrig sein. Den Teig aus der Küchenmaschine nehmen, zu einer Kugel formen und in eine Schüssel legen. Mit einem feuchten Tuch bedeckt an einem warmen, zugfreien Ort mindestens 1 Stunde gehen lassen, bis sich sein Volumen verdoppelt hat.

Zum Füllen der Brötchen den Teig auf einer bemehlten Arbeitsfläche zu einem 24 x 26 Zentimeter großen Rechteck ausrollen. Mit der zerlassenen Butter bestreichen. Zucker und Zimt vermischen. Den Teig damit bestreuen, dann in 2,5 x 2,5 Zentimeter große Vierecke schneiden. 4 oder 5 Vierecke aufeinanderlegen und die Brötchen dann mit der „geschichteten Seite" nach oben in jeweils eine Form des Muffinblechs für 6 Muffins legen. Das Blech mit einem feuchten Tuch bedeckt noch einmal 45 Minuten stehen lassen.

Den Backofen auf 190 °C vorheizen.

Die Brötchen 11 bis 13 Minuten im Backofen backen, noch warm servieren. Sie lassen sich einfrieren oder in einem luftdicht verschlossenen Behälter einige Tage aufbewahren. Zum Aufbacken den Backofen auf 180 °C vorheizen, die Brötchen mit zerlassener Butter bestreichen und 4 bis 6 Minuten aufbacken.

Grillgemüse-Tacos mit Weizentortillas

Tacos gehören zu meinen Leibspeisen, vor allem, wenn ich die Tortillas selbst gemacht habe. Das Vollkorn-Weizenmehl macht sie besonders herzhaft. Variieren lässt sich das Rezept mit ein wenig Kreuzkümmel.

Ergibt 6 Tacos

Für die Tortillas:

1½ Tassen (180 g) Vollkorn-Weizenmehl
½ Teelöffel Meersalz
¼ Teelöffel Weinsteinbackpulver
¼ Tasse (60 ml) Olivenöl und etwas Olivenöl zum Backen
¾ Tasse (180 ml) handwarmes Wasser

Für die Füllung:

1 mittelgroße Zucchini (200 g)
1 mittelgroße rote Zwiebel (150 g)
1 Esslöffel Olivenöl
1 Jalapeño-Chilischote
Saft von 1 Limette
1 Esslöffel Honig
¼ Tasse (5 g) frisches Koriandergrün
½ Tasse (90 g) gekochte schwarze Bohnen (abspülen, wenn Sie Dosenware verwenden)
2 Tassen (110 g) grüner Salat, grob geschnitten, z. B. Romana
55 g Schnittkäse, gerieben

Für die Tortillas: Mehl, Salz und Backpulver in einer großen Schüssel gut vermischen. Öl hinzugeben und mit den Fingern einarbeiten. Esslöffelweise warmes Wasser einarbeiten, bis sich der Teig zu einer Kugel formen lässt. Mit einem Tuch bedecken und 20 Minuten ruhen lassen.

Eine feuerfeste Pfanne auf mittlerer Flamme erwärmen. Den Teig in 6 gleich große Stücke teilen. Die Teigstücke auf einer bemehlten Arbeitsfläche zu 3 Millimeter dicken Kreisen von 15 Zentimetern Durchmesser ausrollen. Die Tortillas einzeln in etwas Olivenöl von jeder Seite 2 bis 3 Minuten in der Pfanne backen, bis sie sich aufblähen. Anschließend bis zur Weiterverarbeitung in ein feuchtes Tuch einschlagen.

Für die Füllung: Zucchini mit dem Gemüseschäler in 6 Millimeter dicke und 5 Zentimeter lange Streifen schneiden. Zwiebeln in 6 Millimeter dicke Ringe schneiden. Eine Grillpfanne dünn mit Olivenöl ausstreichen und das Gemüse sowie die Chilischote darin von beiden Seiten 3 bis 5 Minuten grillen. Herausnehmen. Zwiebeln und Chilischote in Würfel schneiden, dabei die scharfen Samen der Schote entfernen.

Limettensaft, Honig und Koriandergrün in einer kleinen Schüssel verrühren. Das Gemüse und die schwarzen Bohnen mit dem Dressing würzen.

Für die Tacos: Das Grillgemüse und die Bohnen auf einer Hälfte der Tortillas verteilen. Mit Salat und geriebenem Käse bestreuen. Die andere Hälfte der Tortillas über die Mischung klappen. Übrig gebliebene Tortillas in einer verschlossenen Tüte im Kühlschrank aufbewahren oder einfrieren.

Wenn Sie die Tortillas nach dem Abkühlen verwenden, legen Sie sie vorher in ein feuchtes Küchentuch und wärmen Sie sie im Backofen auf.

WEICHWEIZEN

Ich bin heikel, was die von mir verwendeten Weizenarten angeht. Für alle Backwaren nehme ich gewöhnlich Weichweizen – bis auf Brot. Weichweizenmehl ergibt wunderbare Pfannkuchen, Scones oder Pies. Zwischen Winter- und Sommerweizen hingegen bemerke ich fast keinen Unterschied. Wenn Ihre Gäste mit Vollkorngebäck nicht vertraut sind, sollten Sie auf jeden Fall Weichweizen verarbeiten, der ohnehin die Standardsorte ist, die Sie in Reformhäusern und Naturkostläden bekommen.

Die meisten Menschen möchten von mir wissen, wie sie ihre Lieblingsrezepte künftig mit Vollkornmehl zubereiten können. Dann empfehle ich stets, zunächst nur die Hälfte des Mehls durch selbst gemahlenes zu ersetzen, damit Geschmack und Beschaffenheit sich nicht allzu sehr verändern. Ich backe mittlerweile meistens mit Vollkornmehl und genieße sowohl den Geschmack als auch den kräftigen Biss des Getreides.

Wenn Sie ganze Weizenkörner kaufen, dann ist dies gewöhnlich Weichweizen, vor allem, wenn die Bezeichnung „Weizen" nicht weiter spezifiziert wird. Hartweizen hingegen wird immer als solcher deklariert. Falls Sie sich unsicher sind, fragen Sie nach.

Maßangaben

1 Tasse Weichweizenkörner = 180 g

1 Tasse Weichweizenmehl (Vollkorn-Weizenmehl) = 120 g

1 Tasse (180 g) Weichweizen = 1 ½ Tassen (180 g) Vollkorn-Weizenmehl

Gorgonzola-Zwiebel-Teigtaschen

Den größten Teil meines Lebens kannte ich Pies nur als Dessert oder Kuchen. Erst als ich lernte, selbst Quiches zu backen, wurde mir bewusst, wie lecker die herzhaften Variationen gerade mit Vollkorn sind. Aus diesem Mürbeteig können Sie jede Art Gemüsetarte machen – oder eben Teigtaschen.

Ergibt 6 Teigtaschen

Für den Teig:

1½ Tassen (180 g) Vollkorn-Weizenmehl

2 Esslöffel Vollrohrzucker

¼ Teelöffel Meersalz

½ Tasse (120 g) kalte Butter, in Flocken

2 Esslöffel kaltes Wasser

Für die Füllung:

2 Esslöffel Olivenöl

1 große rote Zwiebel (200 g), in 6 Millimeter dicke Ringe geschnitten

2 Schalotten (70 g), in dünne Ringe geschnitten

5 oder 6 Frühlingszwiebeln (60 g), in Würfel geschnitten

1 Esslöffel Balsamico

55 g Gorgonzola oder ein anderer Blauschimmelkäse, zerbröselt

Für den Teig: Mehl, Zucker und Salz in der Küchenmaschine oder einer großen Schüssel vermischen. Butterflocken mit der Pulse-Taste oder dem Teigmischer einarbeiten, bis ein bröseliger Teig entsteht. Kaltes Wasser esslöffelweise zugeben und mit einer Gabel oder der Pulse-Taste einarbeiten, bis der Teig bindet. Falls nötig mehr kaltes Wasser verwenden. Den Teig aus der Schüssel nehmen, flachdrücken, in Frischhaltefolie wickeln und im Kühlschrank 20 Minuten ruhen lassen.

Für die Füllung: Olivenöl in einer mittelgroßen Pfanne auf mittlerer Flamme erhitzen. Zwiebeln und Schalotten hinzugeben und unter gelegentlichem Rühren 10 Minuten garen. Wenn die Zwiebeln braun werden, die Hitze reduzieren. Frühlingszwiebeln dazugeben und weitere 5 Minuten garen. Balsamico angießen und 1 Minute ziehen lassen. Die Pfanne vom Herd nehmen und das Gemüse in eine Schüssel geben. Ganz abkühlen lassen, wenn nötig im Kühlschrank. Die Käsebrösel unterheben.

Den Backofen auf 190 °C vorheizen. Ein Backblech dünn einölen oder mit Backpapier auslegen.

Den Teig auf einer bemehlten Arbeitsfläche zu einem 30 x 40 Zentimeter großen Rechteck ausrollen und in 6 Vierecke schneiden. Die Füllung gleichmäßig in der Mitte der Vierecke verteilen. Jede Tasche zu einem Dreieck zusammenfalten und die Seiten mit einer Gabel fest andrücken.

Die Teigtaschen 18 bis 22 Minuten im Backofen backen, bis sie knusprig braun sind. Vor dem Servieren abkühlen lassen.

Für einen köstlichen Partysnack teilen Sie den Teig in 12 Vierecke, um Mini-Teigtaschen zu machen. Dann 15 bis 18 Minuten backen.

EIER-GEMÜSE-SANDWICH

Ich habe eine Schwäche für üppig belegte Sandwiches, vor allem, wenn sie mit selbst gebackenen Brötchen gemacht sind. Für das folgende Rezept verwende ich Schalotten und Parmesan. Wenn Sie einmal gar keine Zeit haben, können Sie diese Leckerei auch auf der Hand essen. (Dann dürfen die Eier allerdings nicht zu weich sein.)

ERGIBT 4 SANDWICHES

Für die Brötchen:

1 ¼ Tassen (150 g) Vollkorn-Weizenmehl
1 ½ Teelöffel Weinsteinbackpulver
¼ Teelöffel Meersalz
¼ Tasse (60 g) kalte Butter, in Flocken
½ Tasse (50 g) Frühlingszwiebeln, fein geschnitten
¼ Tasse (10 g) Parmesan, gerieben, plus ein bisschen mehr zum Bestreuen
1 großes Ei
2 Esslöffel Buttermilch
1 Esslöffel Honig
2 Esslöffel Konditorsahne (mind. 36 % Fett)

Für die Füllung:

1 Esslöffel Olivenöl
1 Knoblauchzehe, fein gehackt
2 Tassen (110 g) grünes Blattgemüse, grob geschnitten
1 Esslöffel (15 g) Butter
4 große Eier
3 bis 4 Esslöffel Dijonsenf

Den Backofen auf 220 °C vorheizen. Ein Backblech mit Backpapier auslegen.

Für die Brötchen: Mehl, Backpulver und Salz in einer großen Schüssel vermischen. Butterflocken mit einem Teigmischer, 2 Messern oder mit möglichst kalten Händen einarbeiten, bis etwa erbsengroße Brösel entstehen. Mit Frühlingszwiebeln und Käse vermengen.

Ei, Buttermilch und Honig in einer kleinen Schüssel verrühren. Über die trockenen Zutaten geben und einarbeiten, bis der Teig bindet. Den Teig auf einer bemehlten Arbeitsfläche etwa 1,25 Zentimeter dick ausrollen. Mit großen Plätzchenformen Kreise oder Vierecke daraus ausstechen und auf das Backblech legen. Die Brötchen mit der Sahne bestreichen, mit Parmesan bestreuen und 14 bis 18 Minuten im Backofen goldgelb backen.

Für die Füllung: Olivenöl in einer Pfanne erhitzen. Knoblauch hinzugeben und 1 Minute garen. Geschnittenes Blattgemüse dazugeben und mehrfach umrühren. Den Deckel auf die Pfanne setzen und diese vom Herd nehmen. Noch etwa 5 Minuten ziehen lassen, bis das Blattgemüse zusammenfällt.

Das Gemüse auf einen Teller geben. Die Pfanne wieder auf den Herd stellen und 1 Esslöffel Butter hineingeben. Eier einzeln darin braten, einmal wenden. Für das Sandwich die Brötchen in der Mitte durchschneiden und mit jeweils 1 Ei und einem Viertel der Gemüsemasse belegen. Je 1 Teelöffel Senf daraufstreichen und die obere Brötchenhälfte daraufsetzen.

Spinat oder Mangold schmecken in der Füllung am besten.

Rhabarber-Vollkorn-Pie

In meiner Familie war Rhabarber immer sehr beliebt. Wir Kinder warteten im Mai schon darauf, dass die Pflanzen heranwuchsen und reiften. Wir zählten die Tage, bis es dann endlich wieder Rhabarberkompott gab. Und bei jedem Umzug nahmen wir von dem Rhabarber, den mein Urgroßvater gepflanzt hatte, einen Ableger mit in unser neues Heim. Ich mag den Kontrast zwischen dem säuerlichen Geschmack des Rhabarbers und dem erdigen Duft des Weizenmehls.

Ergibt 6 bis 8 Portionen

Für den Teig:

1½ Tassen (180 g) Vollkorn-Weizenmehl
2 Esslöffel Vollrohrzucker
¼ Teelöffel Meersalz
½ Tasse (120 g) kalte Butter, in Flocken
2 bis 3 Esslöffel kaltes Wasser

Für die Füllung:

700 g Rhabarber, in etwa 1,5 Zentimeter große Stücke geschnitten
½ Tasse (100 g) Vollrohrzucker
½ Tasse (120 g) Mascobadozucker
½ Tasse (60 g) Weizenmehl
1 Teelöffel Zimtpulver
1 Esslöffel Zitronensaft, frisch gepresst

1 Esslöffel (15 g) Butter, zerlassen
2 Esslöffel Vollrohrzucker

Den Backofen auf 190 °C vorheizen.

Für den Teig: Weizenmehl, Zucker und Salz in einer großen Schüssel vermischen. Mit den Händen oder einem Teigmischer die Butterflocken einarbeiten, bis etwa erbsengroße Brösel entstehen. 2 Esslöffel kaltes Wasser mit einer Gabel unterziehen. Esslöffelweise Wasser dazugeben, damit der Teig bindet. Achten Sie darauf, dass der Teig nicht zu nass wird. Den Teig auf eine bemehlte Arbeitsfläche geben und zu 2 Kugeln formen. Die Teigkugeln etwas flach drücken, in Frischhaltefolie wickeln und 20 Minuten im Kühlschrank ruhen lassen.

Für die Füllung: Rhabarberstücke mit Zucker in einer großen Schüssel vermischen. Weizenmehl, Zimt und Zitronensaft unterheben, bis der Rhabarber von allen Seiten schön bedeckt ist. Beiseitestellen.

Auf einer bemehlten Arbeitsfläche jede Teigkugel zu einem Kreis von 28 bis 30 Zentimetern Durchmesser ausrollen. Eine runde Auflaufform von 23 Zentimetern Durchmesser mit 1 Teigkreis auslegen. Den Teig nach Möglichkeit nicht übermäßig dehnen, sonst reißt er. Die Rhabarberfüllung daraufgeben. Mit dem anderen Teigkreis bedecken und die Ränder zusammendrücken. Die Oberfläche mit einem Messer kreuzförmig einschneiden, mit der zerlassenen Butter bestreichen und mit Zucker bestreuen. Die Pie 50 bis 60 Minuten im Backofen backen, bis sie golden ist. In der Form abkühlen lassen, bevor Sie die Pie aufschneiden. In einem luftdicht verschlossenen Behälter hält die Rhabarberpie im Kühlschrank 4 bis 5 Tage.

HARTWEIZEN
(DURUM)

Nahezu alle Getreidesorten, Hülsenfrüchte und Nüsse finden in meinem Haushalt in zweierlei Form Verwendung: ganz und gemahlen. Hartweizen allerdings spielt eine ganz besondere Rolle: Er wird für Pasta und Pizza verwendet. Für fast alle Nudelrezepte brauchen Sie Hartweizen, entweder als Mehl oder als Grieß.

Durum ist lateinisch und bedeutet „hart". Dieses Weizenkorn ist am härtesten und hat den höchsten Proteingehalt. Doch trotz des hohen Proteingehalts ist sein Gehalt an Klebereiweiß (Gluten) niedrig. Hartweizen wurde durch Selektion aus Emmer gezüchtet und schmeckt nussig wie Emmer. Sein Korn ist etwas größer als moderne Weizenzüchtungen. Hartweizen wird vor allem für die Verarbeitung zu Teigwaren angebaut, deshalb ist es meist gar nicht so einfach, Hartweizen zum Selbstmahlen zu bekommen. Doch sollten Sie in Ihrem Naturkostladen wirklich nicht fündig werden, gibt es ja immer noch das Internet.

Hartweizenmehl

Mahlt man zum ersten Mal sein eigenes Hartweizenmehl, ist man zunächst ein wenig irritiert, dass es nicht weich und samtig ist wie andere Weizenmehle, sondern fast so grob wie Grieß. Weizengrieß besteht tatsächlich aus Hartweizen. Dasselbe gilt für „Semolina", die Getreideart, die auf unseren italienischen Nudelsorten angegeben ist. Und trotz seiner groben Beschaffenheit wird Hartweizenmehl meist nur aus dem Mehlkörper (*Endosperm*) des Hartweizens gewonnen. Mahlen Sie Ihren Hartweizen zu Hause, wissen Sie wenigstens, dass Sie die alle Makro- und Mikronährstoffe des vollen Korns bekommen.

Da der Klebereiweißanteil von Hartweizen gering ist, eignet sich das Mehl nicht zur Verarbeitung mit Hefe. Hartweizenmehl schmeckt hervorragend in Brot, ein hundertprozentiges Hartweizenbrot aber dürfte recht schwer geraten. (Die einzige Ausnahme ist Pizzateig. Hier verleiht der Hartweizen dem Teig eine besondere Bissfestigkeit, die ich sehr schätze.) Nudeln aus Hartweizenmehl werden beim Kochen schön weich und der Weizengeschmack kommt leichter und eleganter rüber als bei anderen Weizensorten.

Mahlen Sie Hartweizen am besten in der Getreidemühle oder mit dem Hochleistungsmixer. Wenn Sie das Mehl hinterher sieben, bleibt die Kleie im Sieb. Ich habe herumexperimentiert und einen Teil des Mehls gesiebt, doch in meinen Augen macht das keinen großen Unterschied.

Maßangaben

1 Tasse Hartweizenkörner = 180 g

1 Tasse Hartweizenmehl = 120 g

1 Tasse (180 g) Hartweizenkörner = 1 ½ Tassen (180 g) Hartweizenmehl

Feigen-Gorgonzola-Pizza

Obwohl ich für Backwerk selten ausschließlich Hartweizen verwende, mache ich bei Pizzateig eine Ausnahme. Dieser leckere Pizzateig ist herzhaft und schwer und somit die ideale Grundlage für feinste Zutaten wie Feigen und Gorgonzola. Wenn Sie es knuspriger mögen, ersetzen Sie ½ Tasse (60 Gramm) Hartweizenmehl durch ½ Tasse (70 Gramm) Polentagrieß.

Ergibt 3 bis 4 Portionen

Für den Teig:

¾ Tasse (180 ml) handwarmes Wasser

2 Esslöffel Vollrohrzucker

1 Päckchen Trockenhefe

2½ Tassen (300 g) Hartweizenmehl

2 Esslöffel Olivenöl

½ Teelöffel Meersalzt

Für den Belag:

2 Esslöffel Olivenöl

2 Knoblauchzehen, fein gehackt

10 bis 12 frische Feigen (150 bis 180 g), in 6 Millimeter dicke Scheiben geschnitten

120 g Gorgonzola oder wahlweise ein anderer Blauschimmelkäse, zerbröselt

2 Esslöffel Walnüsse, geröstet und gehackt

1 bis 2 Esslöffel Honig

Für den Teig: Wasser, Zucker und Hefe in einer großen Schüssel mit einem Holzlöffel verrühren, bis die Hefe sich aufgelöst hat. 5 bis 10 Minuten ruhen lassen, bis die Hefe aktiv ist und die Mischung zu schäumen anfängt. 2 Tassen (240 Gramm) Mehl dazugeben, dann Olivenöl und Salz einrühren. Das Mehl esslöffelweise dazugeben, bis der Teig bindet und nur noch leicht klebrig ist. Den Teig mit einem feuchten Tuch bedecken und 1½ Stunden gehen lassen.

Sobald der Teig gegangen ist, den Backofen auf 230 °C vorheizen.

Für den Belag: Den Teig zu einem Kreis von 30 bis 35 Zentimetern Durchmesser ausrollen und in eine Pizzaform legen. Mit Olivenöl bestreichen und mit Knoblauch bestreuen. Mit Feigen belegen und den zerkrümelten Gorgonzola darüber geben. Die Pizza 12 bis 15 Minuten im Backofen backen, bis der Teig knusprig und der Käse geschmolzen ist.

Die Pizza mit Walnüssen bestreuen und den Honig in einem dünnen Faden darüberlaufen lassen. Sofort servieren.

Pfeffernudeln mit Ziegenkäse und Pesto

WWenn ich einen stressigen Tag hatte oder schlecht gelaunt bin, mache ich Pasta. Das Zubereiten des Teiges, das Füttern der Nudelmaschine mit den Teigplatten kann auch das angespannteste Nervenkostüm beruhigen. Das ist pure Entspannung. Der frische schwarze Pfeffer verleiht diesen Nudeln einen Extrakick und passt gut zu verschiedenen Saucen. Sie können diese Pasta auch schlicht mit Olivenöl und frischen Kräutern servieren. Oder Sie arbeiten frischen Rosmarin oder Oregano in den Teig ein.

Ergibt 4 Portionen

Für die Nudeln:

2 Tassen (240 g) Hartweizenmehl

1 Esslöffel frisch gemahlener schwarzer Pfeffer

½ Teelöffel Meersalz

2 große Eier

2 Esslöffel Wasser

1 Esslöffel Olivenöl

Für das Pesto:

2 Knoblauchzehen, geschält

¼ Tasse (35 g) Pinienkerne

¼ Tasse (10 g) Parmesan, fein gerieben

2 Tassen (80 g) frische Basilikumblätter

3 Esslöffel Olivenöl

2 Esslöffel Zitronensaft, frisch gepresst

50 bis 60 g Ziegenkäse, zerkrümelt

Für die Nudeln: Hartweizenmehl, Pfeffer und Salz auf einer sauberen Arbeitsfläche vermischen, aufhäufen und in die Mitte eine Vertiefung eindrücken. Eier und Wasser hineingeben und mit einer Gabel vorsichtig einarbeiten. Den Ganze zu einer dicken Paste verkneten. Den Teig zu einer glatten Kugel formen und mit einem feuchten Tuch bedeckt 20 Minuten ruhen lassen.

Den Teig in 8 Stücke teilen und auf einer bemehlten Arbeitsfläche jeweils 1,5 Millimeter dick ausrollen. Mit einem Messer zu etwa 5 Millimeter breiten Nudeln (Tagliatelle) schneiden oder die Teigplatten durch die Nudelmaschine drehen.

Für das Pesto: Knoblauch in der Küchenmaschine mit der Pulse-Taste zerkleinern. Pinienkerne dazugeben und 2- bis 3-mal die Pulse-Taste betätigen. Dann nacheinander Parmesan, Basilikum, Olivenöl und Zitronensaft dazugeben. Die Küchenmaschine laufen lassen, bis sich eine ölige grüne Sauce bildet. Mit Olivenöl und Zitronensaft nach Belieben abschmecken.

Salzwasser in einem großen Topf zum Kochen bringen. Nudeln hineingeben und warten, bis sie an die Oberfläche steigen. Das sollte höchstens 4 bis 5 Minuten dauern. Abgießen und mit Olivenöl beträufeln.

Das Pesto sofort über die noch warme Pasta geben. Ziegenkäse darüberstreuen und servieren.

Spaghetti mit Tomaten-Basilikum-Sauce

Selbst gemachte Pasta war einer der ersten Höhepunkte meiner fertigproduktfreien Küche. Mein Vater schenkte mir einen Pasta-Aufsatz für meine *KitchenAid*-Küchenmaschine und ich sage ihm heute noch, dass dies das schönste Geschenk war, das er mir je gemacht hat. Ich benutze ihn nämlich mindestens einmal pro Woche. Selbst gemachte Spaghetti mit selbst gemachter Tomatensauce: Ach, wenn die Leute mit ihren Dosenravioli doch nur wüssten, was sie versäumen! Wenn Sie keine Nudelmaschine haben, machen Sie die Nudeln von Hand wie auf Seite 73 beschrieben.

Ergibt 4 Portionen

Für die Sauce:

2 Pfund (1000 g) vollreife Eiertomaten, halbiert
1 mittelgroße Zwiebel (160 g), in große Stücke geschnitten
2 Knoblauchzehen, fein gehackt
3 Esslöffel Olivenöl
2 Esslöffel frische Basilikumblätter
2 Esslöffel Zitronensaft, frisch gepresst
1 Esslöffel Honig

Für die Pasta:

2 Tassen (240 g) Hartweizenmehl
½ Teelöffel Meersalz
2 große Eier
2 Esslöffel Wasser
1 Esslöffel Olivenöl

¼ Tasse (10 g) Parmesan, gerieben (wahlweise)

Den Backofen auf 200 °C vorheizen.

Für die Sauce: Tomatenhälften, Zwiebeln, Knoblauch und 1 Esslöffel Olivenöl in einer mittelgroßen Schüssel verrühren und gleichmäßig auf einem Backblech verteilen. Die Tomaten 30 bis 40 Minuten im Backofen garen, bis sie weich sind und anfangen zu bräunen. Tomaten aus dem Backofen nehmen und ein wenig abkühlen lassen. Die Mischung in den Mixer geben. Basilikumblätter, restliches Olivenöl, Zitronensaft und Honig hinzufügen und mit der Pulse-Taste zu einer Sauce verarbeiten.

Für die Pasta: Hartweizenmehl und Salz auf einer sauberen Arbeitsfläche vermischen, aufhäufen und in die Mitte eine Vertiefung eindrücken. Eier und Wasser hineingeben, beides mit einer Gabel verrühren und dann ins Mehl einarbeiten, bis sich ein Teig formt. Mit den Händen weiterkneten, bis der Teig glatt ist. Den Teig zu einer Kugel formen und mit einem feuchten Tuch bedeckt 20 Minuten ruhen lassen.

Den Teig in 8 Stücke teilen. Jedes Stück mit der Hand flach drücken. Dabei mit Mehl bestäuben, sodass nichts kleben bleibt. Den Teig zu einer dünnen Platte ausrollen und entweder mit dem Spaghettischneider zerteilen oder durch die Nudelmaschine mit Spaghetti-Aufsatz laufen lassen.

Salzwasser in einem großen Topf zum Kochen bringen. Die Spaghetti darin kochen, bis sie an die Oberfläche steigen. Das dauert etwa 3 Minuten. Abgießen und mit dem Olivenöl beträufeln. Die Nudeln im Teller mit je ½ bis 1 Schöpflöffel Tomatensauce servieren. Wahlweise mit Parmesan bestreuen.

1/2 Cup [118 ml]
1/3 Cup [79 ml]
1/4 Cup [59 ml]
1 Cup [236 ml]

Kapitel 3

Glutenfreies Getreide

Die Getreide und Samen, die in diesem Kapitel vorgestellt werden, erfreuen sich zunehmender Beliebtheit, seit das Modewort „glutenfrei" in unseren Alltag Einzug gehalten hat. Für Menschen, die eine glutenfreie Diät einhalten müssen, sind sie natürlich die erste Wahl, doch stellen sie auch im Rahmen einer normalen Ernährung eine wunderbare Ergänzung und Bereicherung dar. Alle hier vorgestellten Sorten zeichnen sich durch einen ausgeprägten Eigengeschmack aus. Es macht Spaß, diese Sorten zu Mehl zu verarbeiten und damit neue Wege zu gehen.

Da diese Getreide und Samen nicht über den Proteinanteil des glutenhaltigen Weizens verfügen, verhalten sie sich beim Kochen und Backen häufig anders als erwartet. Deshalb sind glutenfreie Backwaren gar nicht so leicht herzustellen, doch es gibt ein paar Tricks, die das Kochen und Backen leichter machen. Folgende Punkte sollten Sie im Hinterkopf behalten, wenn Sie mit glutenfreien Samen und Getreidearten arbeiten:

- Glutenfreie Backwaren gehen nicht auf wie die klebereiweißhaltigen Gebäcksorten.
- Glutenfreie Backwaren sind meist schwerer und krümeliger, da das glutenfreie Mehl eine geringe Bindefähigkeit und damit Elastizität besitzt.
- Da der Teig nicht elastisch ist, können Sie ihn nicht nach Belieben verarbeiten. Ausrollen zum Beispiel ist deutlich schwieriger. Mit ein wenig Geduld und Sorgfalt gelingt Ihr Backwerk trotzdem.
- Der Teig ist deutlich krümeliger als Teig aus Mehlen mit hohem Klebereiweißgehalt. Verwenden Sie beim Ausrollen deutlich mehr Mehl, sonst bröselt der Teig auseinander.
- Natürlich macht sich auch der Geschmack des verwendeten Getreides deutlich bemerkbar. Hirse schmeckt anders als Weizen.

Wenn Sie in Ihren Lieblingsrezepten Weizen durch eines der hier verwendeten Mehle ersetzen, sollten Sie die Mengen abwiegen, statt sie mit dem Messbecher abzumessen. Die unterschiedliche Konsistenz der Mehle ist dafür verantwortlich, dass die Einteilungen auf dem Messbecher hier nicht mehr stimmen. Sonst kann es passieren, dass das Rezept misslingt.

Soll Ihr Gebäck trotzdem wie gewohnt locker und luftig geraten, verwenden Sie am besten eine Mischung aus 70 Prozent Mehl und 30 Prozent Stärkemehl. Weiter unten finden Sie entsprechende Rezepte. Wenn Ihnen der Geschmack nicht zusagt, können Sie auch mit anderen glutenfreien Mehlen arbeiten. Meine Lieblingsmischung ist Hafer, Buchweizen und Hirse, aber Sie sollten selbst ausprobieren, was Ihnen am besten schmeckt.

TEFF
(ZWERGHIRSE)

Ich kannte Teff überhaupt nicht, bevor ich anfing, nach glutenfreien Getreidearten Ausschau zu halten. Mir war irgendwann aufgefallen, dass in glutenfreien Backmischungen Teffsamen enthalten sind, und das hat mich neugierig gemacht. Seitdem verwende ich Teff mit Vorliebe für feine Backwaren, vor allem mit Schokolade. Die dunklen Teffsamen lassen sich zu einem feinen Mehl mahlen, das leicht nach Melasse schmeckt. Die helleren hingegen haben ein nussiges Aroma, das gut zu Pekannüssen, Walnüssen und Haselnüssen passt. Ich habe immer ein bisschen Teff zu Hause, weil ich ihn gern für meinen morgendlichen Getreidebrei verwende. Gekochte Teffkörner bzw. -flocken ergeben einen cremigen Brei, der sich bestens mit allerlei Früchten verträgt.

Ursprünglich stammt Teff wohl aus Äthiopien, er wird mittlerweile aber in aller Welt angebaut. Teff ist kein Getreide, daher ist er auch glutenfrei. Teffkörner sind Grassamen, etwa so groß wie Mohnsamen, die in vielen Farbabstufungen von dunklem Rotbraun bis zu hellem Elfenbein erhältlich sind. Teff hat von allen glutenfreien Körnern den höchsten Gehalt an Kalzium, darüber hinaus enthält er Vitamin C, Protein und Eisen. Da Teff auch auf armen Böden wächst, eignet er sich gut für Länder, die häufig unter Hochwasser und Dürre leiden.

Teff als Samen zu bekommen ist nicht immer einfach. Fragen Sie einfach in Ihrem Naturkostladen oder Reformhaus nach. Wenn Sie dort nicht fündig werden, dann gibt es mittlerweile schon eine Reihe von Online-Naturkostversendern, die Teffsamen auf Lager haben. Oder gar einen Teff-Shop: *www.teff-shop.de.*

Teffmehl

Obwohl ich Teff noch nicht lange verarbeite, nehme ich ihn mittlerweile für fast alle glutenfreien Backwaren. Der Geschmack tritt darin deutlich hervor und verleiht ihnen ein einzigartig volles Aroma. Zu Anfang habe ich Teff hauptsächlich für Brownies und Schokoladenkuchen verwendet, weil sein Melassegeschmack gut zu Schokolade passt. Aber auch mit herzhaften Gemüsesorten wie Rote Bete und Möhren lässt er sich gut kombinieren.

Im Allgemeinen mahle ich vom Teff nur so viel Mehl, wie ich tatsächlich brauche, damit das Mehl so frisch und nährstoffreich wie möglich ist. Gerade bei Teff habe ich die Erfahrung gemacht, dass der charakteristische Geschmack schnell verfliegt, sobald das Mehl nicht mehr frisch ist. Ich nehme zum Mahlen vorzugsweise die Kaffeemühle oder den Hochleistungsmixer. Natürlich können Sie es auch mit der Getreidemühle versuchen, aber hier ist Vorsicht geboten. Die kleinen Samen verklumpen sich gern in der Mühle. Wie auch immer Sie Ihren Teff mahlen, Sie sollten das Mehl hinterher auf jeden Fall sieben, denn mitunter bleiben ganze Samen darin.

Maßangaben

1 Tasse Teffsamen = 180 g

1 Tasse Teffmehl = 160 g

1 Tasse (180 g) Teffsamen = etwa 1 Tasse plus 2 Esslöffel (180 g) Teffmehl

Süsskartoffel-Teff-Burger mit Curry

Eines meiner Sommerrituale ist das Braten von 2 bis 3 verschiedenen Veggie-Burgern. Ich friere sie gern ein, um für Grillabende eine schöne Auswahl zu haben. Ich mag Curry, und Teffmehl passt super dazu. Servieren Sie diesen Burger am besten mit Avocadopüree und Korianderpesto.

Ergibt 4 bis 6 Burger

1 mittelgroße Süßkartoffel (250 g), geschält

¼ Tasse (40 g) Teffmehl

2 Esslöffel Currypulver

½ Teelöffel Meersalz

½ Teelöffel frisch gemahlener schwarzer Pfeffer

2 Esslöffel Limettensaft, frisch gepresst

1½ Tassen (240 g) gegarte Kichererbsen aus der Dose, abgegossen und gewaschen

¼ Tasse (25 g) Pekannüsse, gehackt

Wasser in einem Topf zum Kochen bringen. Süßkartoffel in etwa 2,5 Zentimeter große Würfel schneiden, ins kochende Wasser geben und 10 bis 15 Minuten weich garen.

Den Backofen auf 190 °C vorheizen.

Süßkartoffeln, Teffmehl, Currypulver, Salz, Pfeffer und Limettensaft in der Küchenmaschine vermischen und mit der Pulse-Taste zu einem glatten Teig verarbeiten. Kichererbsen und Pekannüsse dazugeben und mit der Pulse-Taste einarbeiten.

Die Mischung aus der Küchenmaschine nehmen. Mit feuchten Händen zu 4 bis 6 Bratlingen formen (je nach gewünschter Größe). Wenn Sie Burger machen wollen, die Bratlinge 15 Minuten im Backofen vorbacken. Die Burgerbrötchen damit belegen und unter dem heißen Grill 3 bis 5 Minuten überbacken, bis sie schön braun und knusprig sind.

Wenn Sie die Bratlinge in der Pfanne braten, müssen Sie sie nicht zuerst in den Backofen schieben. Legen Sie sie dann in eine leicht gefettete Pfanne und braten Sie sie von jeder Seite 6 bis 8 Minuten. Die Außenseite sollte braun und knusprig sein.

Wenn Sie Ihre Burger auch im Voraus zubereiten, gehen Sie nach Rezept vor, bis Sie die fertig geformten Bratlinge haben. Diese lassen Sie vor dem Einfrieren ganz abkühlen. Trennen Sie sie mit Küchenpapier voneinander. Zum Garen die tiefgefrorenen Bratlinge direkt in die Pfanne oder auf den Grill legen.

Teff-Quiche mit Ricotta und Roter Bete

Die erdige Süße gebackener Roter Bete passt gut zum herzhaften Teffgeschmack des Teiges. Dies ist schon wegen der Farbe eines meiner Lieblingsrezepte. Und Sie können beides schon am Vortag zubereiten!

Ergibt 6 bis 8 Portionen

Für das Gemüse:

450 g Rote und Gelbe Bete, in etwa 6 Millimeter dicke Scheiben geschnitten

1 Esslöffel Olivenöl

1 Prise Teelöffel Meersalz

Für den Teig:

½ Tasse (80 g) Teffmehl

¼ Tasse (35 g) Klebreismehl

¼ Tasse (30 g) Maisstärke

¼ Tasse (30 g) Pfeilwurzelmehl

1 Esslöffel Vollrohrzucker

½ Teelöffel Meersalz

½ Tasse (120 g) kalte Butter, in Flocken

2 bis 3 Esslöffel Wasser

Für die Füllung:

1 Tasse (240 g) Ricotta

¼ Tasse (40 g) Fetakäse, zerkrümelt

2 Esslöffel Honig

2 Esslöffel Rosmarin, frisch gehackt

¼ Teelöffel Meersalz

1 Knoblauchzehe, fein gehackt

1 Esslöffel Olivenöl

1 Eigelb

1 Esslöffel Sahne oder Wasser

Für das Gemüse: Den Backofen auf 200 °C vorheizen. Gemüse auf ein Backblech legen. Olivenöl und Salz verrühren und das Gemüse damit bestreichen. Gemüse 40 bis 50 Minuten im Backofen garen, bis es weich ist.

Für den Teig: Mehl, Zucker und Salz in der Küchenmaschine verrühren. Mit der Pulse-Taste die Butterflocken einarbeiten, bis der Teig erbsengroße Brösel bildet. Esslöffelweise Wasser mit der Pulse-Taste einarbeiten, bis der Teig bindet. Den Teig zu einem Fladen formen, in Frischhaltefolie gewickelt 20 Minuten in den Kühlschrank legen.

Für die Füllung: Ricotta, Feta, Honig, Rosmarin, Salz und Knoblauch in einer Schüssel mischen.

Den Teig auf einer bemehlten Arbeitsfläche zu einem Kreis von 30 bis 35 Zentimetern Durchmesser ausrollen. Den Teig vorsichtig auf Backpapier legen und auf ein Backblech ziehen. Eventuelle Risse sorgfältig verstreichen. Den Teig mit der Ricottamischung bestreichen, dabei einen 5 Zentimeter breiten Rand lassen. Die Gemüsescheiben von der Mitte aus kreisförmig darauf anordnen, bis der Ricotta ganz bedeckt ist. Den Teigrand über die Mischung schlagen, sodass er einen schönen Kreis bildet. (In der Mitte bleibt das Gemüse frei.) Gemüse mit Olivenöl bestreichen.

Eigelb mit Sahne oder Wasser verrühren und den Teigrand damit bestreichen. Die Quiche 40 bis 45 Minuten im Backofen backen, bis der Teigrand goldbraun ist. Vor dem Servieren ein wenig abkühlen lassen.

Wenn Sie keine Küchenmaschine besitzen, die trockenen Zutaten in einer Schüssel vermischen und die Butter mit einem Teigmischer, 2 Messern oder möglichst kühlen Händen schnell einarbeiten.

Schoko-Muffins mit Erdnussbutter-Belag

Ich bin verrückt nach Schokokuchen mit Erdnussbutter.
Dieser Kuchen ist so wunderbar saftig, und die Erdnussbutter macht ihn zum absoluten Hochgenuss. Meine Familie und ich müssen uns nicht glutenfrei ernähren, doch dieser Kuchen schlägt jede glutenhaltige Version.

Ergibt 6 kleine Kuchen

Für die Muffins:

½ Tasse (80 g) Teffmehl
¼ Tasse plus 2 Esslöffel ungesüßtes Kakaopulver
¼ Tasse (35 g) Sorghummehl
2 Esslöffel Hafermehl
2 Esslöffel Pfeilwurzelmehl
½ Tasse (120 g) Mascobadozucker
¾ Teelöffel Natron
¼ Teelöffel Meersalz
¾ Tasse (165 g) griechischer Joghurt (10 % Fett)
¼ Tasse (60 ml) Vollmilch
¼ Tasse (60 g) Butter, zerlassen
¼ Tasse (60 ml) Ahornsirup
2 große Eier

Für den Belag:

1 Tasse (120 g) Puderzucker
¼ Tasse (65 g) feines Erdnussmus
1 Esslöffel Honig
Mark von ½ Vanilleschote
2 bis 3 Esslöffel Vollmilch

Den Backofen auf 180 °C vorheizen. Eine Muffinform für 6 Muffins mit Butter ausstreichen.

Für die Muffins: Teffmehl, Kakaopulver, Sorghum-, Hafer- und Pfeilwurzelmehl mit Zucker, Natron und Salz in einer großen Schüssel vermischen. Joghurt, Milch, Butter, Ahornsirup und Eier in einer zweiten Schüssel mit einem Schneebesen verrühren. Die nassen Zutaten über die trockenen geben und unterrühren, bis keine Klümpchen mehr zu sehen sind.

Den Teig in die Muffinform geben und 18 bis 20 Minuten im Backofen backen. Herausnehmen, wenn sich die Oberfläche nach Druck wieder aufrichtet. Etwa 5 Minuten abkühlen lassen. Muffins mit dem Messer lockern, dann die Muffinform auf Küchenpapier stürzen und leicht daraufklopfen, damit sich die Muffins leichter lösen. Muffins ganz abkühlen lassen.

Für den Belag: Puderzucker, Erdnussmus, Honig und Vanillemark in einer kleinen Schüssel mit dem Handmixer verrühren. Gerade so viel Milch dazugeben, dass eine dicke Paste entsteht, die sich gut streichen lässt. Die Paste mit einem Löffel auf die Muffins geben. In einem luftdicht verschlossenen Behälter halten die Muffins sich 2 bis 3 Tage frisch.

Ich schätze diesen „Kuchenbelag" sehr, aber wenn Sie die Paste ein wenig flüssiger machen, können Sie sie auch auf den noch warmen Kuchen streichen und die Muffins so servieren.

VOLLREIS

Vollreis habe ich seit jeher in meiner Küche vorrätig. Ich zaubere damit schnell ein Reis-Bohnen-Gericht zum Abendessen oder eine leckere Paella. Der milde Geschmack passt hervorragend zu vielen Zutaten, sodass ich eigentlich fast bei jedem Einkauf Reis besorge. Außerdem ist Vollreis eine gute „Einstiegsdroge" für alle, die noch nie vollwertiges Getreide gegessen haben.

Reis ist ein Grundnahrungsmittel, das überall auf der Welt bekannt ist. In der Naturkostszene im Westen begegnet man ihm allerdings immer mit gewissen Vorurteilen, was den Nährstoffgehalt angeht. Vollreis hat allerlei ernährungsphysiologische Vorzüge, zum Beispiel den hohen Ballaststoffanteil. Da beim Vollreis nur die äußere Hülle entfernt wird, gilt er als Vollkorn. Weißer Reis hingegen ist das abgeschliffene Korn ohne Keimling und Silberhäutchen und enthält daher nur wenig Mikronährstoffe. Vollreis ist weißem Reis grundsätzlich vorzuziehen. Ich kaufe ihn allerdings nur aus biologischem Anbau, da sich in konventionellem Reis auf entsprechend belasteten Böden manchmal Arsen anreichert.

Reis gibt es in verschiedenen Sorten. Ich habe immer sowohl Langkorn- als auch Rundkornreis zu Hause. Der Rundkornreis hat einen volleren Mehlkörper, weshalb er beim Kochen cremig wird. Ich benutze ihn für Risottos und ähnliche Reisgerichte. Langkornreis ist perfekt für Paellas und Reissalate. Außerdem habe ich immer Klebreis zu Hause (Seite 128).

Vollreis ist auch im Supermarkt erhältlich, meist allerdings nicht aus biologischem Anbau. In Naturkostläden und Reformhäusern hingegen finden Sie garantiert unbelastete Sorten. Kaufen Sie einfach den Reis, den Sie am häufigsten verwenden, und mahlen Sie diesen zu Mehl.

Vollreismehl

Ich mahle meist Rundkornreis, weil er mehr Stärke enthält und Reis-Backwaren leichter macht, vor allem, wenn er mit Pfeilwurzelmehl kombiniert wird. Auch Langkornreis lässt sich gut zu Reismehl verarbeiten, aber die Beschaffenheit des Backgutes ist eine andere.

In glutenfreien Backwaren ist Reismehl recht gebräuchlich, doch nützt es auch beim Kochen. Ich habe immer ein wenig Reismehl zur Hand, um damit Saucen oder Suppen anzudicken oder Mehlschwitze zu machen. Gemischt mit anderen Mehlsorten eignet es sich auch zum Brotbacken. Der leicht nussige Geschmack ist meist ein echtes Plus.

Ich mahle beide Reissorten in der Getreidemühle, aber auch eine Kaffeemühle oder ein Hochleistungsmixer leisten hier gute Dienste. Meine Küchenmaschine hatte nicht genug PS, um das Reiskorn fein zu mahlen. Reismehl macht Backwaren ein wenig sandig. Wenn Sie es fein genug mahlen, wird dieser Effekt verringert. Auch die Mischung mit anderen glutenfreien Getreidearten wie Hafer oder mit Pseudogetreide wie Buchweizen wirkt hier Wunder.

Maßangaben

1 Tasse Vollreis = 180 g

1 Tasse Vollreismehl = 140 g

1 Tasse (180 g) Vollreis = knapp 1 ¼ Tassen (180 g) Vollreismehl

Vollreis-Cannelloni aus Crespelle

Alle meine Freunde, die sich glutenfrei ernähren, berichten, dass es schwierig ist, glutenfreie Nudeln zu bekommen. Daher hier ein Rezept für Cannelloni mit Ricottafüllung und Tomatensauce. Sie können diese nach Belieben füllen.

Ergibt 4 Portionen

Für die Tomatensauce:

1 Esslöffel Olivenöl

2 Knoblauchzehen, fein gehackt

3 große Tomaten (400 g), in Würfel geschnitten

1 Esslöffel Balsamico

1 Esslöffel Honig

¼ Teelöffel Meersalz

2 Esslöffel frische Basilikumblätter, grob geschnitten

Für die Crespelle-Cannelloni:

½ Tasse (70 g) Vollreismehl

1 großes Ei

¼ Tasse plus 2 Esslöffel (90 ml) Vollmilch

1 Esslöffel (15 g) Butter, zerlassen

2 Teelöffel Honig

¼ Teelöffel Meersalz

Für die Füllung:

1 Tasse (240 g) Ricotta

1 Tasse (110 g) Mozzarella, klein geschnitten

1 Esslöffel frischer Oregano, fein gehackt

1 Knoblauchzehe, fein gehackt

1 Eiweiß

Für die Sauce: Olivenöl in einem großen Topf auf mittlerer Flamme erhitzen. Knoblauch dazugeben und 1 Minute anbraten. Tomaten hinzufügen und 10 bis 12 Minuten weich kochen. Essig, Honig, Salz und Basilikum einrühren und weitere 2 Minuten garen. Vom Herd nehmen und mit einem Stabmixer pürieren. Die Sauce wieder auf den Herd setzen und auf kleiner Flamme köcheln lassen, bis die Cannelloni fertig sind.

Für die Crespelle: Alle Zutaten in der Küchenmaschine zu einem Teig verrühren. Eine Pfanne dünn mit Butter ausstreichen und auf mittlerer Flamme erhitzen. Etwa 3 Esslöffel Teig in die Pfanne geben. Den Teig kreisförmig verlaufen lassen, bis er den Pfannenboden ganz bedeckt. 1 bis 2 Minuten backen, dann den „Pfannkuchen" umdrehen, weitere 30 Sekunden backen. Auf einem Teller beiseitestellen.

Den Backofen auf 190 °C vorheizen.

Ein Drittel der Tomatensauce in eine 20 x 20 oder 23 x 23 Zentimeter große Auflaufform geben.

Für die Füllung: Ricotta, ½ Tasse (56 Gramm) Mozzarella, Oregano, Knoblauch und Eiweiß verrühren.

1 Pfannkuchen auf eine Arbeitsfläche legen. 2 bis 3 Esslöffel der Ricottamischung in die Mitte streichen. Die Ränder einschlagen, das Ganze zusammenrollen und mit der Nahtstelle nach unten in die Auflaufform setzen. Den Vorgang mit den restlichen Crespelle wiederholen. Die restliche Tomatensauce über die Cannelloni gießen. Den restlichen Mozzarella darüber geben. Die Cannelloni 30 bis 40 Minuten im Backofen backen, bis der Mozzarella Blasen wirft und braun wird.

Erdnuss-Reis-Cookies

Ich entwickle mich immer mehr zu einer Erdnussmus-Fanatikerin. Am liebsten würde ich es jeden Tag essen – zum Frühstück, mit Bananen als Snack und sogar zu meinem Lieblingseis. Diese Erdnuss-Reis-Cookies sind ein Nachbau meiner Kindheitsträume – nur glutenfrei.

Ergibt 12 grosse Cookies

½ Tasse (120 g) weiche Butter
½ Tasse (100 g) Vollrohrzucker
½ Tasse (120 g) dunkler Mascobadozucker
⅓ Tasse (90 g) feines Erdnussmus
1 großes Ei
Mark von ½ Vanilleschote
½ Teelöffel Natron
1 Prise Teelöffel Meersalz
¾ Tasse (105 g) Vollreismehl
¼ Tasse plus 2 Esslöffel (55 g) Sorghummehl
¼ Tasse plus 2 Esslöffel (35 g) Hafermehl
¼ Tasse (30 g) Tapiokamehl
¼ Tasse (35 g) Klebreismehl, plus ein bisschen mehr

Den Backofen auf 190 °C vorheizen. 1 oder 2 Backbleche dünn einölen oder mit Backpapier auslegen.

Butter und Zucker mit einem Handmixer in einer großen Schüssel verrühren. Erdnussmus hinzufügen und gut unterarbeiten. Ei, Vanillemark, Natron und Salz unterrühren. Zwischendurch den Teig von den Seiten der Schüssel lösen und unterrühren.

Reis-, Sorghum-, Hafer- und Tapiokamehl mit Klebreismehl in einer zweiten Schüssel vermischen. Zur Buttermischung geben und unterrühren, bis der Teig glatt ist.

Mit einem großen Löffel 3 bis 4 Esslöffel Teig abstechen und mit 5 Zentimetern Abstand auf das Backblech (die Backbleche) setzen. Eine Gabel in das restliche Klebreismehl tauchen und damit kreuzweise die Oberfläche einkerben.

Die Cookies 12 bis 14 Minuten im Backofen backen, bis sie goldbraun sind und der Rand fest. Vor dem Servieren abkühlen lassen. In einem luftdicht verschlossenen Behälter bleiben sie bei Raumtemperatur 3 bis 4 Tage frisch. Sie lassen sich aber auch gut einfrieren.

Erdbeer-Vanille-Clafoutis

Im Gegensatz zu anderen glutenfreien Getreiden habe ich Reismehl immer zu Hause. Als ich daher eine Möglichkeit entdeckte, daraus ein Gericht zu zaubern, schlug ich zu. Ein Clafoutis ist eine französische Nachspeise aus der Auflaufform. Traditionell macht man es mit Kirschen, aber ich verwende immer verschiedene Fruchtsorten wie Erdbeeren, Pfirsiche oder Äpfel.

Ergibt 6 bis 8 Portionen

240 ml Vollmilch
3 große Eier
½ Tasse (70 g) Vollreismehl
⅓ Tasse (80 ml) Ahornsirup
1 Esslöffel naturreiner Vanilleextrakt
Mark von 1 Vanilleschote
¼ Teelöffel Meersalz
2 Tassen (240 g) Erdbeeren, in dünne Scheiben geschnitten

Den Backofen auf 180 °C vorheizen. Eine Auflaufform (2,4 Liter) mit reichlich Butter ausstreichen.

Milch, Eier, Mehl, Ahornsirup, Vanilleextrakt, Vanillemark und Salz im Mixer glatt rühren.

Die Erdbeerscheiben in die Auflaufform schichten. Dann die Eiermischung vorsichtig darübergießen.

Clafoutis 40 bis 45 Minuten im Backofen backen, bis die Eiermasse fest wird und an der Oberfläche zu bräunen beginnt. Warm servieren. Obwohl Clafoutis warm am besten schmeckt, kann es im Kühlschrank aufbewahrt und erneut aufgewärmt werden (10 bis 12 Minuten bei 180 °C).

AMARANTH

Als ich zum ersten Mal mit Amaranth kochte, war ich nicht sonderlich begeistert. Ich nahm an, er würde sich verhalten wie die Getreidesorten, die ich kannte, und eine lockerkörnige Konsistenz annehmen. Stattdessen bekam ich eine Art Brei. Das war okay, aber keineswegs das, was ich gewollt hatte. Also stellte ich die angebrochene Packung ganz hinten in meinen Vorratsschrank – bis ich ihn einmal für Porridge verwendete. Es schmeckte wunderbar! Und so holte ich ihn wieder hervor und fing an, des Öfteren mit Amaranth zu kochen.

Amaranth gehört zu den Pseudogetreiden, denn es handelt sich dabei eigentlich um die Samen einer wunderschön blühenden Pflanze, des Fuchsschwanzes. Er stammt aus Peru und wurde schon von den Inkas angebaut. In Mittel- und Südamerika gehört er zu den Grundnahrungsmitteln. Die kleinen Samen stecken voller Mikronährstoffe, unter anderem Kalzium und Eisen. Außerdem enthält Amaranth viel Protein, was ihn zu einer gelungenen Ergänzung für jede Mahlzeit macht.

Sie können aus Amaranth leckeres Popcorn machen. Verarbeiten Sie ihn genauso wie Popcorn-Mais. Geröstet ist er eine knusprige Ergänzung fürs Müsli. Auch das Honig-Weizenbrot (Seite 60) macht sich gut mit Amaranth – neben Quinoa, Hafer und Hirse.

Amaranthmehl

Aufgrund seines ausgezeichneten Nährstoffprofils verwende ich Amaranth sowohl für glutenfreie als auch für glutenhaltige Backwaren. Das hellbraune Mehl passt gut zu Sorghum oder Hafer. Beides nimmt dem Gebäck den leicht bitteren Nachgeschmack, den Amaranthmehl beim Backen manchmal bekommt. Ahorn- oder Zuckerrübensirup passen als Süßungsmittel geschmacklich super zu Amaranth.

Wenn Sie den Geschmack von Amaranth mögen, können Sie in Rezepten, die wie Pfannkuchen oder Muffins auch ohne Gluten gelingen, das Mehl zu 100 Prozent damit ersetzen. Das Endergebnis wird dann wohl ein wenig schwerer ausfallen, schmeckt aber köstlich.

Mahlen lässt sich Amaranth am besten in einem Hochleistungsmixer oder einer Kaffeemühle. Die kleinen Samen können zwar auch in der Getreidemühle verarbeitet werden, doch mitunter verstopft die Mühle oder es bleiben ganze Körner im Mehl zurück. Sollten Sie die Getreidemühle vorziehen, dann schütten Sie den Amaranth schön gleichmäßig hinein, während die Mühle läuft. Und sieben Sie das Mehl am Ende aus.

Maßangaben

1 Tasse Amaranth = 180 g

1 Tasse Amaranthmehl = 120 g

1 Tasse (180 g) Amaranth = 1½ Tassen (180 g) Amaranthmehl

Heidelbeer-Amaranth-Muffins

Wenn ich einmal mit dem verkehrten Fuß aufgestanden bin, hebt einer dieser Muffins zum Pausenkaffee meine Laune ganz beträchtlich. Sie sind glutenfrei, aber schön saftig. Haben Sie keine frischen Beeren zur Hand, vermischen Sie Tiefkühlbeeren mit 1 Esslöffel Amaranthmehl und heben sie dann unter. Nun heißt es schnell machen, weil sonst der ganze Teig blau wird.

Ergibt 12 Muffins

1½ Tassen (180 g) Amaranthmehl
¾ Tasse (75 g) Hafermehl
½ Tasse (70 g) Sorghummehl
½ Tasse (60 g) Pfeilwurzelmehl
1 Teelöffel Zimtpulver
1 Teelöffel Weinsteinbackpulver
½ Teelöffel Natron
½ Teelöffel Meersalz
½ Teelöffel Ingwerpulver
¾ Tasse (180 ml) Vollmilch
¾ Tasse (180 ml) Ahornsirup
2 große Eier
½ Tasse (120 g) Butter, zerlassen
1½ Tassen (200 g) Heidelbeeren

Den Backofen auf 180 °C vorheizen. Eine Muffinform für 12 Muffins mit Papierbackförmchen auskleiden.

Alle Mehlsorten, Zimt, Backpulver, Natron, Meersalz und Ingwer in einer großen Schüssel vermischen. Milch, Ahornsirup, Eier und Butter in einer zweiten Schüssel mit einem Schneebesen verrühren. Die nassen Zutaten über die trockenen gießen und gut verrühren.

Heidelbeeren unter den Teig ziehen, dabei nicht zu stark rühren. Den Teig esslöffelweise in die Papierbackförmchen füllen. Die Muffins 20 bis 24 Minuten im Backofen backen, bis sie nach Druck ihre Form wieder annehmen. Die Muffins ein wenig abkühlen lassen, dann aus der Form nehmen. In einem luftdicht verschlossenen Behälter halten sich die Muffins bei Zimmertemperatur 1 bis 2 Tage. Wollen Sie sie länger aufbewahren, frieren Sie sie ein.

Zimt-Rosinen-Amaranth-Pfannkuchen

Wenn Sie das Archiv meines Blogs studieren, werden Sie feststellen, dass bestimmte Rezepte immer wieder vorkommen: Tacos, Frühlingsrollen und Pfannkuchen. Mit diesen Amaranthpfannkuchen lässt sich die übliche Routine durchbrechen. Wenn Sie keine Rosinen mögen, können Sie auch ein paar Schokostückchen unterrühren oder stattdessen Ihr Lieblingsobst verwenden.

Ergibt 6 Pfannkuchen

½ Tasse (60 g) Amaranthmehl
¼ Tasse (25 g) Hafermehl
¼ Tasse (30 g) Buchweizenmehl
2 Teelöffel Zimtpulver
1 Teelöffel Weinsteinbackpulver
¼ Teelöffel Meersalz
½ Tasse (65 g) Rosinen
2 große Eier
½ Tasse plus 2 Esslöffel (150 ml) Vollmilch, plus ein bisschen mehr
1 Esslöffel Walnussöl oder zerlassene Butter
1 Esslöffel Ahornsirup

Den Backofen auf 100 °C oder noch weniger vorheizen.

Alle Mehlsorten in einer Schüssel vermischen. Zimt, Backpulver, Salz und Rosinen unterrühren. Eier, Milch, Walnussöl oder Butter und Ahornsirup in einer zweiten Schüssel mit einem Schneebesen verrühren. Die nassen Zutaten über die trockenen gießen und gründlich verrühren.

Eine dünn eingeölte große Pfanne auf mittlerer Flamme erhitzen. Etwa ¼ Tasse Teig in die heiße Pfanne geben. Noch einen 2. (und eventuell einen 3.) Pfannkuchen danebensetzen. Die Pfanne aber nicht zu voll machen, sonst sinkt die Temperatur. Die Pfannkuchen von jeder Seite 2 bis 3 Minuten goldbraun backen. Wiederholen, bis kein Teig mehr übrig ist. Wenn der Teig zu dick wird und nicht mehr fließt, 1 bis 2 Esslöffel Wasser dazugeben. Die fertigen Pfannkuchen auf einem Backblech im Backofen warm halten.

Diese Pfannkuchen sind dick und weich. Wenn Sie sie lieber dünn mögen, nehmen Sie 3 bis 4 Esslöffel mehr Milch für den Teig.

Spargel-Pommes mit Amaranthkruste

Ich esse im Frühsommer gern Spargel. Meist brate ich ihn mit ein bisschen Olivenöl und würze ihn nur schlicht mit Salz. Wenn ich dann doch einmal Lust auf etwas Peppigeres habe, gönne ich mir diese pikanten Spargel-Pommes, die auch eine schöne Vorspeise abgeben.

Ergibt 3 bis 4 Portionen

¾ Tasse (90 g) Amaranthmehl
2 Teelöffel Knoblauchpulver
2 Teelöffel getrockneter Oregano
¾ Teelöffel Meersalz
½ Teelöffel frisch gemahlener schwarzer Pfeffer
½ Teelöffel geräuchertes Paprikapulver
2 große Eier
2 Esslöffel Konditorsahne (mind. 36 % Fett)
3 bis 4 Esslöffel Kokosöl
220 g Spargelspitzen, geputzt

Amaranthmehl, Knoblauchpulver, Oregano, Salz, Pfeffer und Paprikapulver in einem flachen Teller gut vermischen. Eier und Sahne in einem tiefen Teller mit einer Gabel verschlagen.

2 Esslöffel Kokosöl in einer Pfanne mit hohem Rand auf mittlerer Flamme erhitzen. Jeweils 1 Spargelspitze in die Eiermischung tauchen, dann in der Mehl-Gewürz-Mischung wenden. Einmal wiederholen, damit die Kruste dicker wird. Spargelspitzen sofort in die Pfanne geben und 3 bis 4 Minuten ausbacken, bis der Spargel goldgelb ist. Dabei gelegentlich mit einer Zange wenden. Wenn nötig mehr Kokosöl in die Pfanne geben.

Manchmal frittiere ich nur die Hälfte des Spargels und tausche dann das Öl aus, damit die Spargelspitzen weiterhin goldgelb aus der Pfanne kommen. Denn häufig lösen sich Amaranthkörner und bleiben im Öl, sodass die Spargelspitzen gegen Ende des Frittiervorgangs immer mehr schwarze Punkte haben.

HIRSE

Hirse ist eine meiner Lieblingssorten, wenn es um glutenfreies Getreide geht. Der feine Geschmack passt wunderbar zu den unterschiedlichsten Gerichten. Hirse lässt sich auch gut allein verwenden, ob als volles Korn oder als Mehl. Gerade in den trockenen Klimazonen Afrikas und Asiens wird Hirse schon seit mehreren Tausend Jahren angebaut. In den USA und Europa kannte man sie eher als Vogelfutter. Heute aber, wo vollwertiges Getreide in aller Munde ist, wächst auch die Wertschätzung für dieses mineralstoffreiche Getreide.

Obwohl diese Bezeichnung eigentlich irreführend ist, denn Hirse zählt zu den Süßgräsern. Es gibt viele verschiedene Hirsearten, die sich in Wuchsart und Korngröße bzw. -farbe unterscheiden. Die wichtigsten sind: Rispenhirse, Kolbenhirse, Fingerhirse und Zwerghirse (siehe „Teff", Seite 78). Rispenhirse wird vor allem in den USA angebaut, in anderen Ländern verwendet man eher Kolbenhirse. Hinsichtlich Geschmack und Beschaffenheit bestehen keine nennenswerten Unterschiede, sodass es für die Rezepte nicht von Belang ist, welche Hirsesorte Sie verwenden.

Hirse bekommen Sie in Naturkostläden und Reformhäusern, gelegentlich auch im Supermarkt. Die Körner sind klein und gelb. Achten Sie darauf, dass Sie echtes Vollkorn kaufen, bei dem die äußere Schicht nicht abgeschliffen wurde. Nur so erhalten Sie alle Ballast- und Vitalstoffe, die Hirse zu bieten hat, unter anderem Kieselsäure, Magnesium, Mangan und Phosphor.

Hirsemehl

Hirse lässt sich zu einem feinen, körnigen Mehl vermahlen, das Hirsebackwaren ihre charakteristisch krümelige Struktur gibt. Das Mehl schmeckt genauso wie das volle Korn: fein-süß mit einem Hauch von Erdigkeit. Wenn Sie den Geschmack unterstreichen möchten, rösten Sie die Körner vor dem Mahlen 8 bis 10 Minuten in einer Pfanne auf mittlerer Flamme. Dann abkühlen lassen und wie üblich mahlen.

Zum Mahlen von Hirse verwende ich eine Getreidemühle. Hirsemehl lässt sich zwar auch in der Kaffeemühle, der Küchenmaschine oder dem Mixer herstellen, doch dann müssen Sie sehr sorgfältig sieben, um die nicht vermahlenen Körnchen herauszuholen.

Zwar können Sie Hirsemehl auch in anderen Teigen als Hefeteig verwenden, doch dann sollten Sie ein wenig Stärkemehl oder Ei hinzugeben, dann gelingt der Teig besser. Wollen Sie Hirse in einem Hefeteig verarbeiten, ersetzen Sie am besten nur ein Drittel des Mehls durch Hirse. Hirse enthält nämlich nicht ausreichend Klebereiweiß (Gluten), damit das Backwerk aufgehen kann.

Maßangaben

1 Tasse Hirsekörner = 180 g

1 Tasse Hirsemehl = 120 g

1 Tasse (180 g) Hirsekörner = 1½ Tassen (180 g) Hirsemehl

Hirsepolenta mit Kichererbsen und pikantem Tomatenchutney

Ich liebe cremige Polenta.
Hirsemehl ist ein ausgezeichneter Ersatz für Maisgrieß.
Es schmeckt auch ein wenig nussiger.

Ergibt eine Hauptmahlzeit für 2 oder eine Beilage für 4 Personen

Für das Chutney:

1 Esslöffel Olivenöl
1 Schalotte, fein gehackt
1 Knoblauchzehe, fein gehackt
1 ½ Teelöffel frischer Ingwer, gerieben
900 g vollreife Eiertomaten, geviertelt
1 Teelöffel braune Senfsamen
¼ Teelöffel roter Pfeffer, mit der breiten Seite eines Messers grob zerdrückt
2 Esslöffel Zitronensaft, frisch gepresst
2 Esslöffel Honig
⅓ Tasse (40 g) helle Rosinen

Für die Hirsepolenta:

1 Esslöffel Olivenöl
1 Tasse (150 g) Zwiebeln, fein geschnitten
2 Tassen (480 ml) Wasser
2 Tassen (480 ml) natriumarme Gemüsebrühe
1 ¼ Tassen (150 g) Hirsemehl
½ Teelöffel Meersalz

1 ½ Tassen (240 Gramm) gegarte Kichererbsen aus der Dose, abgegossen und gewaschen

Für das Chutney: Olivenöl in einem mittelgroßen Topf auf mittlerer Flamme erhitzen. Schalotten darin 4 bis 5 Minuten glasig dünsten. Knoblauch und Ingwer hinzufügen und weitere 1 bis 2 Minuten garen. Tomaten mit Senfsamen, rotem Pfeffer, Zitronensaft, Honig und Rosinen dazugeben. 30 bis 45 Minuten garen, bis die Tomaten eingekocht sind und die Aromen sich verbinden.

Für die Hirsepolenta: Olivenöl in einem großen Topf erhitzen. Zwiebeln darin 4 bis 5 Minuten glasig dünsten. Mit Wasser und Gemüsebrühe aufgießen und zum Kochen bringen. Hirsemehl und Salz hinzufügen und 10 bis 12 Minuten weitergaren, bis die Polenta andickt. Polenta vom Herd nehmen und 1 Minute ruhen lassen. Kurz mit einem Schneebesen durchrühren.

Kichererbsen in einer Kasserolle auf mittlerer Flamme erwärmen.

Zum Servieren die Polenta auf den Teller streichen und Kichererbsen und Tomatenchutney in die Mitte geben.

Wenn Sie Ihre Polenta gern körniger haben, mahlen Sie die Hirse nur kurz in der Gewürz- bzw. Kaffeemühle, sodass einige ganze Körner übrig bleiben. Garen Sie dann die Hirse 15 Minuten und geben Sie wenn nötig mehr Gemüsebrühe zu, sodass sich die Polenta mit einem Schneebesen rühren lässt. Mögen Sie Ihre Polenta stichfest, lassen Sie diesen Arbeitsschritt weg.

Hirsewaffeln mit Erdbeer-Ahornsirup-Sauce

Diese Waffeln sind das höchste der Gefühle: außen knusprig, innen weich und fluffig. Je nach Saison können Sie statt der Erdbeeren auch Heidelbeeren oder Brombeeren verwenden. Wenn Sie die Waffeln im vorgeheizten Backofen warm halten, bleiben sie bis zum Servieren schön knusprig.

Ergibt 2 bis 4 Waffeln, je nach Grösse des Waffeleisens

Für die Sauce:

3 Tassen (360 g) Erdbeeren, geviertelt
3 Esslöffel Ahornsirup
½ Teelöffel Zimtpulver

Für die Waffeln:

¾ Tasse (90 g) Hirsemehl
¼ Tasse (25 g) Hafermehl
¼ Tasse (30 g) Buchweizenmehl
1 Teelöffel Weinsteinbackpulver
¼ Teelöffel feines Meersalz
2 große Eier
¼ Tasse (55 g) griechischer Joghurt (10 % Fett)
3 Esslöffel fettarme Milch
2 Esslöffel Ahornsirup
2 Esslöffel Walnussöl
Mark von ½ Vanilleschote

Für die Sauce: Erdbeeren, Ahornsirup und Zimt in einer kleinen Kasserolle erwärmen und auf niedrigster Flamme köcheln lassen, während Sie die Waffen zubereiten.

Für die Waffeln: Das Waffeleisen nach Anleitung des Herstellers erhitzen und dünn einölen.

Mehl, Backpulver und Salz in einer Schüssel vermischen. Eier, Joghurt, Milch, Ahornsirup, Walnussöl und Vanillemark in einer zweiten Schüssel mit einem Schneebesen verrühren. Die nassen Zutaten über die trockenen gießen und zu einem Teig verrühren.

Für Belgische Waffeln die Hälfte des Teiges ins Waffeleisen geben und auf beiden Seiten goldbraun und knusprig backen. Für kleinere Waffeln pro Waffel nur ein Viertel des Teiges verwenden und wie in der Anleitung des Herstellers angegeben backen. Jede Waffel mit Erdbeersauce servieren.

Vegetarischer Hirse-Topfkuchen

Meine Großmutter hat diese Topfkuchen immer eingefroren und in den Backofen geschoben, wenn Besuch kam. Ich esse ja kein Fleisch mehr, doch nach diesen pikanten Leckereien sehne ich mich manchmal. Daher habe ich einen vegetarischen Ersatz mit Hirsemehl und Kürbis kreiert. Der Teig muss übrigens noch ein wenig klebrig sein, sonst verteilt er sich nicht schön über das Gemüse.

Ergibt 4 Portionen

Für die Füllung:

1 Esslöffel Olivenöl

1 mittlere Zwiebel (200 g), fein gewürfelt

½ Tasse (120 ml) Wasser

3 Esslöffel Rosmarin, frisch gehackt

1 Teelöffel frisch gemahlener schwarzer Pfeffer

½ Teelöffel Meersalz

6 Tassen (750 g) Butternut-Kürbis, in Würfel geschnitten (ersatzweise Hokkaido-Kürbis)

¼ Tasse (30 g) Hirsemehl

2⅔ Tassen (640 ml) natriumarme Gemüsebrühe

Für die Teigkruste:

1 Tasse (120 g) Hirsemehl

3 Esslöffel Pfeilwurzelmehl

2 Teelöffel Weinsteinbackpulver

½ Teelöffel Meersalz

1 Prise Teelöffel Natron

¾ Tasse (30 g) Parmesan, gerieben

¼ Tasse (60 g) kalte Butter, in Flocken

¼ Tasse (60 ml) Vollmilch

1 Esslöffel Honig

1 großes Ei

1 Esslöffel Wasser

Den Backofen auf 190 °C vorheizen.

Für die Füllung: Olivenöl in einem mittelgroßen Topf auf mittlerer Flamme erwärmen. Zwiebeln dazugeben und 4 bis 5 Minuten glasig dünsten. Wasser, Rosmarin, Pfeffer, Salz und Kürbis hinzugeben und unter ständigem Rühren 5 Minuten kochen.

Hirsemehl über die Mischung streuen und weitere 1 bis 2 Minuten kochen lassen, bis das Aroma des Mehls deutlich hervortritt. Mit Gemüsebrühe aufgießen und gut verrühren. Weitergaren, bis die Mischung andickt. Vom Herd nehmen und in 4 gefettete Auflaufförmchen verteilen.

Für die Teigkruste: Hirse- und Pfeilwurzelmehl, Backpulver, Salz, Natron und ½ Tasse (20 Gramm) Parmesan in der Küchenmaschine oder im Mixer verrühren. Butterflocken mit einem Teigmischer oder der Pulse-Taste einarbeiten, bis der Teig erbsengroße Krümel bildet. Milch und Honig dazugeben und zu einem glatten Teig verarbeiten.

Den Teig in 4 Kugeln teilen. Jede Kugel mit bemehlten Händen zu einem 1,5 Zentimeter dicken Kreis flach drücken und über die Füllung legen. Ei und Wasser in einer kleinen Schüssel verrühren. Den Teig damit bestreichen und mit dem restlichen Parmesan bestreuen. Die Topfkuchen auf ein Backblech setzen und 20 bis 22 Minuten im Backofen backen, bis die Kruste goldbraun ist.

QUINOA

Quinoa ist eine meiner neueren Entdeckungen, aber schon jetzt einer der absoluten Favoriten in meiner Küche. Quinoa wächst in den Anden Südamerikas, vor allem in Bolivien und Peru. Zusammen mit Amaranth gehörte sie zu den Grundnahrungsmitteln der Inkas und blickt auf eine Geschichte von mehreren Tausend Jahren zurück. In den letzten Jahren wurde sie zunehmend auch außerhalb Südamerikas bekannt. Die kleinen Getreidekörner haben einen intensiv nussigen Geschmack, sind schnell fertig und können mit einem breiten Vitalstoffprofil punkten. Neben allen essenziellen Aminosäuren enthalten sie viel Kalium und Vitamin E.

Quinoa gehört als Fuchsschwanzgewächs zu den Pseudogetreiden, wird aber wie Getreide verwendet. Es gibt zwar mehr als 120 Quinoasorten, doch in den Verkauf gelangen meist nur die weiße, rote oder schwarze Quinoa, die sich in bestimmten Merkmalen leicht unterscheiden. So enthält zum Beispiel die rote Quinoa noch mehr Proteine, während die weiße cremiger ist, doch ich habe immer alle drei Sorten zu Hause.

Quinoa kann bitter schmecken, wenn die Saponine auf der äußeren Schicht nicht entfernt wurden. Diese schützen das Getreide während der Wachstumsphase vor Fressfeinden. Abgepackter Quinoa ist zwar normalerweise gewaschen, doch es kann nicht schaden, dies noch einmal zu wiederholen.

Quinoamehl

Quinoamehl schmeckt herzhaft und hat einen körnigen Biss, daher lässt es sich wunderbar in Brot und anderen Backwaren verwenden. Nehmen Sie doch einmal Quinoamehl statt handelsübliches Weizenmehl. Auch zum Binden ist es hervorragend geeignet, zum Beispiel bei den Süßkartoffel-Quinoa-Puffer (Seite 104) oder den Blumenkohlsteaks mit Quinoakruste (Seite 103).

Ich mahle Quinoa in allen Farben, denn die Farbe der Schale hat keinen Einfluss auf das Mehl. Rote Quinoa wird ein klein bisschen dunkler, weiße ergibt ein etwas helleres Mehl.

Quinoa lässt sich am besten im Hochleistungsmixer mahlen. Waschen Sie die Körner zuerst unter fließendem, kaltem Wasser. Dann geben Sie sie esslöffelweise in eine heiße beschichtete Pfanne und erwärmen sie, bis die Körner zu springen beginnen. Vom Herd nehmen, die Quinoa weiter puffen lassen wie Popcorn. Den Vorgang wiederholen, bis die ganze Quinoa gepufft ist. Abkühlen lassen und mahlen. Das Mehl sollten Sie sieben, damit keine ganzen Körner darin zurückbleiben.

Für das Mahlen in der Kaffeemühle Quinoa unter kaltem Wasser waschen. Auf einem tiefen Backblech verteilen. Für einen neutralen Geschmack etwa 10 Minuten im Backofen bei 180 °C trocknen. Für ein nussigeres Aroma die Trockenzeit auf 15 Minuten erhöhen.

Maßangaben

1 Tasse Quinoakörner = 170 g
1 Tasse Quinoamehl = 110 g
1 Tasse (170 g) Quinoakörner = 1½ Tassen (170 g) Quinoamehl

Cheddar-Chili-Quesadillas mit Quinoa-Tortillas

Quesadillas sind mein Lieblings-Fast-Food, vor allem zum Abendessen. Die Quinoa-Tortillas verleihen dem Gericht eine gewisse Erdigkeit.

Ergibt 2 Quesadillas von 20 Zentimetern Durchmesser

Für die Füllung:

1 Esslöffel Olivenöl

3 oder 4 mittelgroße Jalapeño-Chilischoten, in feine Ringe geschnitten (Samen beiseitestellen)

1 mittelgroße Zwiebel (160 g), in Ringe geschnitten

Für die Tortillas:

½ Tasse (55 g) Quinoamehl

¼ Tasse plus 2 Esslöffel (45 g) Hirsemehl

¼ Tasse (35 g) Vollreismehl

2 Esslöffel Tapiokamehl

2 Esslöffel Maisstärke

½ Teelöffel Meersalz

½ Teelöffel Weinsteinbackpulver

½ Tasse (120 ml) Wasser

2 Esslöffel Olivenöl

170 g Cheddarkäse, gerieben

Für die Füllung: Olivenöl in einer Pfanne auf mittlerer Flamme erhitzen. Chilischoten und Zwiebeln dazugeben und 8 bis 10 Minuten unter Rühren dünsten.

Für die Tortillas: Mehl, Stärke, Salz und Backpulver in einer großen Schüssel vermischen. Wasser und Olivenöl darübergießen und das Ganze zu einem glatten Teig verkneten. Diesen 5 Minuten ruhen lassen.

Eine beschichtete Pfanne auf mittlerer Flamme erhitzen. Die Arbeitsfläche großzügig mit Quinoamehl bestäuben. Den Teig in 4 Kugeln teilen, je zu einem Kreis von 20 Zentimetern Durchmesser ausrollen. Die Tortillas einzeln in die Pfanne geben und von jeder Seite 1 bis 2 Minuten backen, bis sie leicht zu bräunen beginnen und Blasen werfen. Nicht zu lange backen, da die Tortillas sonst brüchig werden. Tortillas auf einen Teller geben.

Zum Zusammensetzen je 1 Tortilla wieder in die Pfanne legen und mit der Chili-Zwiebel-Mischung bestreichen. Mit Käse bestreuen. Eine zweite Tortilla darüberlegen und andrücken. Oder: 1 Tortilla in die Pfanne geben. Eine Hälfte mit einem Viertel der Zwiebelmischung bestreichen, mit einem Viertel vom geriebenen Käse bestreuen. Die andere Tortillahälfte darüberklappen.

Die Tortillas von jeder Seite 3 bis 5 Minuten backen, bis sie knusprig sind und der Käse geschmolzen ist.

Diese Tortillas brechen leicht, daher ist beim Ausrollen ein wenig Geduld gefordert. Am besten bewegen Sie sie nach dem Ausrollen mit 2 Teigschabern, bis sie gebacken sind. Und nehmen Sie zum Ausrollen eher zu viel Mehl als zu wenig. Sollten Sie kein Tapiokamehl (Maniokmehl) finden, nehmen Sie ersatzweise mehr Maisstärke.

Blumenkohlsteaks mit Quinoakruste und Sauce aus gegrillten Tomaten

Obwohl ich leidenschaftliche Vegetarierin bin,
gibt es da diese Momente, in denen mich der Appetit auf Steak
mit Bratkartoffeln überfällt. Dann brate ich mir ein Blumenkohlsteak.
Die knusprige Quinoakruste tut ein Übriges, um meine Lust
auf Herzhaftes zu befriedigen.

Ergibt 2 Portionen

Für die Sauce:

4 Tassen (560 g) Kirschtomaten, halbiert

1 mittelgroße Zwiebel (160 g), grob geschnitten

2 Knoblauchzehen, fein gehackt

2 Esslöffel Olivenöl

2 Esslöffel frische Basilikumblätter, in feine Streifen geschnitten

Für die Steaks:

1 großer Blumenkohl (800 g)

2 große Eier

¼ Tasse (60 ml) Konditorsahne (mind. 36 % Fett)

½ Tasse (55 g) Quinoamehl

½ Teelöffel Meersalz

½ Teelöffel frisch gemahlener schwarzer Pfeffer

2 Esslöffel Olivenöl

30 bis 60 g Ziegenkäse

2 Esslöffel frische Basilikumblätter, in feine Streifen geschnitten

Den Backofen auf 200 °C vorheizen. Ein Backblech dünn einölen oder mit Backpapier auslegen.

Für die Sauce: Tomaten, Zwiebeln und Knoblauch mit Olivenöl in einer großen Schüssel verrühren. Auf ein tiefes Backblech geben und 30 bis 35 Minuten im Backofen backen, bis die Tomaten zu bräunen und die Zwiebeln zu karamellisieren beginnen. In eine Schüssel geben, Basilikum hinzufügen und alles mit dem Mixstab zur Sauce verarbeiten. Beiseitestellen.

Für die Steaks: Blumenkohl von grünen Blättern befreien. Seitlich auf ein Schneidbrett legen. Mit einem scharfen, langen Messer aus der Mitte 2 etwa 1,5 Zentimeter dicke Scheiben herausschneiden. Die restlichen Röschen für ein anderes Gericht verwenden.

Eier und Sahne in einem tiefen Teller verrühren. Quinoamehl, Salz und Pfeffer in einem zweiten tiefen Teller gründlich vermischen. Die Blumenkohlscheiben zuerst in der Eiermischung, dann im Mehl wenden, sodass sie von beiden Seiten schön bedeckt sind. Den Vorgang mit beiden Scheiben wiederholen, damit die Panade dicker wird.

Die Hälfte des Olivenöls in einer beschichteten Pfanne auf mittlerer Flamme erhitzen. 1 Blumenkohlsteak hineinlegen und von jeder Seite 3 bis 4 Minuten braten, bis die Kruste braun und knusprig ist. Das Steak auf ein Backblech legen. Den Rest des Olivenöls in die Pfanne geben und das zweite Steak braten. Dann beide Steaks im Backofen noch etwa 15 Minuten weich garen.

Die Sauce über die Steaks geben. Mit zerkrümeltem Ziegenkäse und Basilikum bestreuen und servieren.

Süsskartoffel-Quinoa-Puffer mit pochiertem Ei

Ich esse gern Ei und bin daher ständig auf der Suche nach Rezepten, die mein übliches Rührei zum Frühstück toppen. Dieses Gericht gibt ein wunderbares Mittag- oder Abendessen. Das Quinoamehl macht die Puffer nahrhafter, während das Ei die Mahlzeit abrundet.

Ergibt 2 Portionen

450 g Süßkartoffeln
1 Esslöffel Kreuzkümmelsamen
1 Esslöffel Koriandersamen
¾ Tasse (85 g) Quinoamehl
½ Teelöffel Meersalz
1 Knoblauchzehe, fein gehackt
3 große Eier
¼ Tasse (5 g) frisches Koriandergrün, fein gehackt
1 Esslöffel Olivenöl
etwas Essig
frische Korianderblätter zum Garnieren

Den Backofen auf 200 °C vorheizen.

Süßkartoffeln mit einer Gabel einstechen und 40 bis 50 Minuten im Backofen backen, bis sie weich sind. Abkühlen lassen.

Kreuzkümmel- und Koriandersamen 2 bis 3 Minuten in einer kleinen Pfanne auf mittlerer Flamme trocken anrösten, herausnehmen und mit dem Mörser zerstoßen. Oder in der Gewürzmühle grob mahlen.

Süßkartoffeln halbieren, das Fleisch herauslöffeln und in eine Schüssel geben. Gewürze, Mehl, Salz, Knoblauch, 1 Ei und Koriandergrün hinzufügen und zu einem eher feuchten Teig verarbeiten.

Olivenöl in einer großen Pfanne erhitzen. Die Hände in Wasser tauchen und aus dem Teig 4 etwa 1,5 Zentimeter dicke Puffer formen. Die Puffer von beiden Seiten je 4 bis 5 Minuten in der Pfanne braten, bis sie goldbraun sind.

Inzwischen in einem großen Topf Wasser zum Kochen bringen. Die Hitze reduzieren, bis die Wasseroberfläche wieder glatt ist. Essig hinzugeben. Die 2 restlichen Eier einzeln in einer Tasse aufschlagen und vorsichtig ins heiße Wasser gleiten lassen. Kochen, bis der Dotter die gewünschte Beschaffenheit aufweist: 4 Minuten für ein weich gekochtes, 6 Minuten für ein festes Ei. Mit einem Schaumlöffel herausnehmen, auf Küchenpapier abtropfen lassen.

Je 2 Puffer übereinander auf einen Teller legen, 1 pochiertes Ei darauflegen und mit dem Koriandergrün bestreuen.

HAFER

Ich habe zwei große Vorratsgläser stets griffbereit: eines mit Vollreis und eines mit Haferflocken. Vollreis bevorzuge ich fürs Abendessen, Haferflocken fürs Frühstück. Bevor ich mein eigenes Mehl aus Körnern hergestellt habe, habe ich in der Küchenmaschine Haferflocken für Pfannkuchen und Waffeln gemahlen. Ich liebe den süßen Geschmack und die Saftigkeit, die Hafer den Backwaren verleiht.

Sich im Vollkorn-Universum zurechtzufinden, ist gar nicht so einfach, vor allem, wenn es darum geht, was noch „Vollkorn" ist und was nicht. Bei Hafer ist das recht einfach, denn es gibt Haferkörner, Hafergrütze und Haferflocken in verschiedenen Feinheitsgraden. Alle Varianten gelten als vollwertig, weil der Keimling nicht entfernt wird. Die vollen Haferkörner werden bedampft und gedarrt, wodurch sich der Spelz löst. Sodann werden die ganzen Haferkörner zu „kernigen" Flocken (Großblattflocken) verarbeitet. „Zarte" Flocken (Kleinblattflocken) entstehen aus Grütze, also aus zerkleinertem Haferkorn. Die sofort löslichen Schmelzflocken werden aus Mehl hergestellt und sind relativ stark verarbeitet.

Ich habe zu Hause sowohl Haferkörner als auch Haferflocken in Großblatt- und Kleinblattform. Sie finden alle möglichen Arten von Haferflocken auch im Supermarkt, doch ich würde Ihnen empfehlen, möglichst zu Bio-Produkten zu greifen. Wenn Sie sich aus Allergiegründen glutenfrei ernähren müssen, sollten Sie darauf achten, woher Sie Ihren Hafer beziehen. Häufig ist gerade konventionelle Ware durch den Verarbeitungsprozess mit Gluten verunreinigt.

Hafermehl

Ich liebe Haferbrei und der schmeckt nun mal am besten aus frisch gemahlenem Schrot, also grobem Mehl. Hafermehl eignet sich gut zum Backen, da es den Backwaren ein fein-süßes Aroma verleiht. Es lässt sich auch gut mit anderen Mehlsorten mischen und macht das Backgut schön saftig.

Um Hafermehl aus Flocken herzustellen, müssen Sie diese nur im Mixer zerkleinern. Wollen Sie eine feinere Beschaffenheit, sollten Sie die Flocken einmal mahlen, durchsieben und die groben Bestandteile noch einmal zurück in den Mixer geben. Oder Sie entscheiden sich für Körner, die Sie in der Getreidemühle fein mahlen. Haferschrot aus ganzen Körnern lässt sich auch in der Kaffeemühle herstellen.

Da Hafer einen höheren Fettgehalt hat als andere Getreide, wird das gemahlene Mehl schnell ranzig. Ich mahle immer nur so viel, wie ich sofort verarbeiten kann. Eventuelle Reste bewahre ich im Kühlschrank auf, wo sie bis zu 2 Wochen frisch bleiben.

Maßangaben

1 Tasse Haferkörner = 180 g
1 Tasse Haferflocken (grob) = 100 g
1 Tasse Hafermehl = 100 g
1 Tasse (180 g) Haferkörner = 1¾ Tasse (180 g) Hafermehl
1 Tasse (100 g) Haferflocken = 1 Tasse (100 g) Hafermehl

Cranberry-Hafer-Cookies

Diese Cookies habe ich erfunden, als ich auf der Suche nach dem ultimativen Rezept für Cookies mit Chocolate Chips war. Ich stöberte im Regal, nur um festzustellen, dass ich keine Chocolate Chips hatte. Aber ich hatte Cranberrys und Pekannüsse. Die Kombination ergab wunderbar süße Cookies. Schon beim ersten Biss vergaß ich, dass ich etwas ganz anderes hatte machen wollen.

Ergibt 18 Cookies

½ Tasse (120 g) weiche Butter
½ Tasse (120 g) Mascobadozucker
½ Tasse (100 g) Vollrohrzucker
1 Teelöffel Natron
½ Teelöffel Meersalz
Mark von 1 Vanilleschote
2 große Eier
3 Tassen (300 g) Hafermehl
1 Tasse (120 g) getrocknete Cranberrys
½ Tasse (50 g) geröstete Pekannüsse

Den Backofen auf 190 °C vorheizen. 1 bis 2 Backbleche mit Backpapier auslegen.

Butter, Mascobado- und Vollrohrzucker in einer großen Schüssel mit einem Handmixer schaumig rühren. (Oder mit einem Holzlöffel cremig rühren, bis der Zucker sich vollständig aufgelöst hat.) Natron, Salz, Vanillemark und Eier hinzugeben und verrühren. Dabei immer wieder die Seiten der Schüssel abkratzen.

Hafermehl dazugeben und unterrühren, bis ein glatter Teig ohne Klümpchen entsteht. Cranberrys und Pekannüsse unterziehen. Den Teig mit einem großen Löffel auf das Backblech setzen (je Cookie etwa 50 Gramm). Mit der bemehlten Rückseite des Löffels flach drücken. Die Cookies 12 bis 14 Minuten im Backofen backen, bis sie oben goldbraun sind. Die Cookies auf dem Backblech abkühlen lassen. In einem luftdicht verschlossenen Behälter bleiben sie 3 bis 4 Tage frisch. Sollen sie länger aufbewahrt werden, empfiehlt sich das Einfrieren.

Der Cookieteig muss feucht sein, daher nehme ich zum Portionieren einen Saucenlöffel oder einen Eislöffel. Diesen tauche ich dann in Mehl, um die Cookies flach zu drücken.

Beeren-Cobbler mit Haferklecksen

Im Sommer verzehre ich locker mein Gewicht in Beeren. Ich kann davon einfach nicht genug kriegen. Dieser Cobbler ist ein leichtes Dessert, denn ich habe den Zuckeranteil drastisch vermindert. Wenn Sie reife Beeren nehmen, werden Sie das gar nicht merken. Ein bisschen üppiger wird's mit 1 Kugel Vanille-Eis oder 1 Esslöffel Crème double.

Ergibt 4 bis 6 Portionen

Für die Füllung:

6 Tassen (750 g) gemischte Beeren (Erdbeeren, Brombeeren, Himbeeren, Heidelbeeren)
⅓ Tasse (80 ml) Ahornsirup
¼ Tasse (50 g) Vollrohrzucker
1 Teelöffel Zimtpulver
3 Esslöffel Maisstärke
2 Esslöffel Wasser
1 Esslöffel Zitronensaft, frisch gepresst

Für die Teigschicht:

2 Tassen (200 g) Hafermehl
1 Esslöffel Weinsteinbackpulver
¾ Teelöffel Meersalz
¼ Tasse plus 2 Esslöffel (90 g) kalte Butter, in Flocken
1 großes Ei
2 Esslöffel Vollmilch
2 Esslöffel Ahornsirup

Den Backofen auf 190 °C vorheizen.

Für die Füllung: Beeren, Ahornsirup, Zucker und Zimt in einen Topf geben und zum Kochen bringen. 3 bis 4 Minuten köcheln lassen, bis der Saft aus den Beeren austritt. Maisstärke mit Wasser und Zitronensaft in einer kleinen Schüssel glatt rühren. In die kochende Beerenmischung geben und 2 bis 3 Minuten unter ständigem Rühren weiterköcheln lassen, bis die Mischung andickt. In eine gefettete runde Auflaufform von 23 Zentimetern Durchmesser geben.

Für die Teigschicht: Hafermehl, Backpulver und Salz in einer großen Schüssel gründlich vermischen. Butterflocken mit einem Teigmischer, 2 Messern oder kühlen Händen einarbeiten und den Teig zu erbsengroßen Bröseln verarbeiten. Ei, Milch und Ahornsirup in einer kleinen Schüssel mit einem Schneebesen verrühren. Die nassen Zutaten über die trockenen gießen und zum Teig verarbeiten.

Golfballgroße Kugeln davon abstechen, flach drücken und auf die Beerenmischung legen. Den Beeren-Cobbler 25 bis 30 Minuten im Backofen backen, bis die Füllung schön blubbert und die Teigstücke goldbraun und knusprig aussehen.

Haferpfannkuchen mit Ahornsirup-Bananen

Als ich eines Sonntagmorgens mit einem unbezwingbaren Appetit auf Pfannkuchen aufwachte, aber kein Getreide zu Hause hatte. machte ich Hafermehl aus Flocken und siehe da, die Pfannkuchen waren so leicht und locker, dass ich sie in den Reigen meiner Lieblings-Frühstücksgerichte aufnahm.

Ergibt 8 bis 10 Pfannkuchen

Für die Pfannkuchen:

1 Tasse (100 g) Hafermehl

1 Teelöffel Weinsteinbackpulver

½ Teelöffel Meersalz

2 große Eier

½ Tasse (110 g) griechischer Joghurt (10 % Fett)

2 Esslöffel Walnussöl oder zerlassene Butter

1 Esslöffel Ahornsirup

Für die Bananen:

2 große Bananen, in etwa 1 Zentimeter dicke Scheiben geschnitten

4 Esslöffel Ahornsirup

½ Teelöffel Zimtpulver

Für die Pfannkuchen: Hafermehl, Backpulver und Salz in einer mittelgroßen Schüssel vermischen. Eier, Joghurt, Öl oder Butter und Ahornsirup in einer zweiten Schüssel mit einem Schneebesen zu einer glatten Masse verrühren. Die nassen Zutaten über die trockenen gießen und gut verrühren.

Eine große beschichtete Pfanne dünn mit Butter oder Öl einpinseln. ¼ Tasse (50 Gramm) von dem Teig in die Pfanne geben und mit einem Löffel zu einem kleinen Pfannkuchen verstreichen. Noch 1 oder 2 Pfannkuchen mit in die Pfanne setzen. Darauf achten, dass die Pfanne nicht zu voll wird. Pfannkuchen 2 bis 3 Minuten backen, bis sich auf der Oberfläche Blasen zeigen und die Pfannkuchen fest werden. Wenden und weitere 2 bis 3 Minuten backen. Die Pfannkuchen auf einen hitzebeständigen Teller geben und bis zum Servieren bei etwa 80 °C im Backofen warm stellen. So fortfahren, bis der ganze Teig verbraucht ist.

Für die Bananen: Bananen mit Ahornsirup und Zimt in einer Pfanne auf mittlerer Flamme erwärmen. Gelegentlich umrühren, bis die Bananen anfangen zu karamellisieren. Zum Servieren über die Pfannkuchen geben.

Diese Pfannkuchen sind dicker als gewöhnlich, weil sie dick und klein bleiben sollen. Daher müssen Sie sie in der Pfanne mit dem Löffel verstreichen. Bitte wenden Sie die Pfannkuchen nicht zu früh, sonst fallen sie auseinander.

MAIS

Als ich meine Getreidemühle bekam, fühlte ich mich wie ein Kind an Weihnachten. Ich dachte an all die tollen Experimente, die ich damit machen könnte, und suchte im Internet nach Tipps, was sich mahlen ließe und was nicht. Dabei stolperte ich über Mais. Ich war hingerissen, dass ich meinen Popcorn-Mais zu hausgemachtem Maismehl verarbeiten konnte.

Gerade Popcorn-Mais zeichnet sich durch eine besonders harte Außenseite und einen ergiebigen Mehlkörper aus. Wenn Popcorn erhitzt wird, wird die bislang im Korn versiegelte Feuchtigkeit frei, was das Maiskorn zum Platzen bringt. Mais hat als Getreide eine lange Geschichte, die bis ins prähistorische Mexiko zurückreicht, also weiter als zehntausend Jahre. Von dort aus verbreitete er sich über ganz Süd- und Nordamerika. Heute ist Mais ein beliebtes Grundnahrungsmittel.

Sie finden Maiskörner, aber auch Maisgrieß und -mehl in Naturkostläden und Reformhäusern. Obwohl Sie natürlich auch auf konventionelles Popcorn zurückgreifen können, würde ich Ihnen empfehlen, die biologisch angebaute Variante zu bevorzugen, denn bei der Verwendung des vollen Korns bleiben sämtliche Inhaltsstoffe im Mehl. Und gerade die Mais-Monokulturen sind weltweit für ihren unrühmlichen Umgang mit Pestiziden bekannt.

Maismehl

Die Vielseitigkeit des Maismehls ist erstaunlich. Bekannt ist die italienische Polenta, ein Brei aus Maisgrieß. Pizzateig wird dadurch lockerer. Das gilt auch für Kekse, wo das goldgelbe Maismehl zusätzlich noch für einen hübschen Farbtupfer sorgt. Selbst gemahlenes Maismehl hat einen weniger starken Eigengeschmack als gekauftes und lässt sich mit allen Kräutern und Gewürzen zu köstlichen Kompositionen verbinden.

Beim Mahlen von Maiskörnern ist Vorsicht geboten. Ihre Getreidemühle sollte einen starken Motor von mindestens 600 Watt haben, um die harte Schale des Korns knacken zu können. Werfen Sie einen Blick in die Beschreibung des Herstellers, um festzustellen, ob dies auf Ihre Mühle zutrifft. Auch ein Hochleistungsmixer leistet gute Dienste, doch sollten Sie das Mehl dann sieben. Für kleinere Mengen tut es auch eine leistungsstarke Kaffeemühle. Sie können alle Maissorten zu Mehl mahlen, sei es nun Hartmais (der als Futtermais beliebt ist), Zahnmais oder eben Popcorn-Mais.

Maßangaben

1 Tasse Maiskörner = 160 g

1 Tasse Maismehl = 140 g

1 Tasse (160 g) Maiskörner = 1 Tasse plus 2 Esslöffel (160 g) Maismehl

Zuckermais-Muffins

In den Wintermonaten schätze ich Maisbrot mit einem feurigen vegetarischen Chili. Diese Muffins schmecken zwar nicht ganz so wie Maisbrot, aber fast. Sie lassen sich herzhaft abwandeln, zum Beispiel mit 1 Tasse (120 Gramm) geriebenem Cheddarkäse und 1 fein gehackten Jalapeño-Chilischote.

Ergibt 12 Muffins

1 Tasse (60 g) Butter, zerlassen und abgekühlt
1 Esslöffel Olivenöl
½ rote Zwiebel (80 g), fein gehackt
Körner von 2 mittelgroßen jungen Maiskolben oder 1¾ Tassen (300 g) Tiefkühlmais, aufgetaut
1 Tasse (140 g) Maismehl
½ Tasse (50 g) Hafermehl
¼ Tasse (30 g) Pfeilwurzelmehl
2 Teelöffel Weinsteinbackpulver
½ Teelöffel Meersalz
2 große Eier
¾ Tasse (180 ml) Vollmilch
¼ Tasse (85 g) Honig

Den Backofen auf 180 °C vorheizen. Eine Muffinform für 12 Muffins mit etwas zerlassener Butter ausstreichen oder mit Papierbackförmchen auskleiden.

Olivenöl in einer Pfanne erhitzen. Zwiebeln dazugeben und auf mittlerer Flamme 6 bis 8 Minuten glasig dünsten. Mais dazugeben und 6 bis 7 Minuten weich garen. Vom Herd nehmen und leicht abkühlen lassen.

Alle Mehlsorten, Backpulver und Salz in einer mittelgroßen Schüssel gründlich vermischen. Eier, Milch, Honig und restliche zerlassene Butter in einer zweiten Schüssel mit einem Schneebesen verrühren. Die nassen Zutaten über die trockenen gießen und zu einem Teig verrühren. Die Maismischung unterziehen.

Den Teig gleichmäßig in der Muffinform verteilen, bis jede Mulde zu zwei Dritteln gefüllt ist. Die Muffins 12 bis 15 Minuten im Backofen backen, bis sie goldbraun sind. Die Oberfläche sollte nach Druck in ihre Form zurückkehren. Die Muffins 5 Minuten in der Form abkühlen lassen, dann auf ein Kuchengitter stürzen. In einem luftdicht verschlossenen Behälter bleiben die Muffins bei Zimmertemperatur 2 bis 3 Tage frisch. Sie lassen sich aber auch gut einfrieren.

Gegrillte Polenta mit Zucchini-Salsa

Polentareste lassen sich gut zu Schnitten verarbeiten, die unter dem Grill neues Aroma gewinnen. Für Vegetarier ist ein Grillabend ja nicht immer leicht zu gestalten. Doch Polenta bildet hier eine gute Grundlage für die Salsa, die ich auch schon mit gegrillten grünen Tomaten, Ziegenkäse oder Kräutern zubereitet habe. Ihrer Fantasie sind hier keine Grenzen gesetzt.

Ergibt 2 bis 4 Portionen

Für die Polenta:

½ Tasse (70 g) Maisgrieß
2 Tassen (480 ml) Wasser
½ Teelöffel Knoblauchpulver
¼ Teelöffel Meersalz

Für die Salsa:

1 mittelgroße Zucchini (120 g), in Würfel geschnitten
½ Zwiebel (60 g), in Würfel geschnitten
¼ rote Paprikaschote (30 g), in Würfel geschnitten
1 Esslöffel Chilipulver (wahlweise)
1 Esslöffel Olivenöl
¼ Teelöffel Meersalz
2 Esslöffel frisches Koriandergrün, fein gehackt
1 Esslöffel Limettensaft, frisch gepresst

Olivenöl zum Bestreichen

Für die Polenta: Maisgrieß, Wasser, Knoblauchpulver und Salz in einer mittelgroßen Kasserolle aufkochen. Unter ständigem Rühren 3 bis 4 Minuten köcheln lassen, bis die Mischung cremig wird. In eine gefettete, 20 x 20 Zentimeter große Auflaufform streichen und vollkommen abkühlen lassen.

Für die Salsa: Den Backofen auf 200 °C vorheizen. Zucchini, Zwiebeln, Paprikawürfel und Chilipulver (falls gewünscht) mit Olivenöl und Salz in einer Schüssel vermischen. Die Salsa gleichmäßig auf ein Backblech verteilen und 30 Minuten im Backofen backen, bis die Zucchiniwürfel anfangen zu bräunen. Aus dem Backofen nehmen und mit Koriandergrün und Limettensaft würzen.

Die Polenta in 5 Zentimeter große Quadrate schneiden und von beiden Seiten mit Olivenöl bestreichen. Die Polentascheiben auf den vorgeheizten Grill legen und von beiden Seiten 4 bis 6 Minuten grillen, bis sie braun sind. Heiß mit der Zucchini-Salsa servieren.

Sie können die Zucchini für die Salsa auch grillen, statt sie im Backofen zuzubereiten. Schneiden Sie dann Zucchini, Paprika und Zwiebeln in etwa 1,5 Zentimeter dicke Scheiben bzw. Ringe und bestreichen Sie sie beidseitig mit Olivenöl. Dunkel grillen, mit Koriandergrün und Limettensaft vermengen. Wenn Sie gern dickere Polentaschnitten hätten, nehmen Sie von allen Zutaten die doppelte Menge und geben Sie sie in eine Auflaufform von derselben Größe.

Rosenkohl-Kasserolle mit Maisbrotkrümeln

Der Rosenkohl ist bei mir eine echte Liebesgeschichte.
Ich kann davon nicht genug bekommen. Diese Kasserolle gehört zu meinen Leibspeisen,
weil sich hier Rosenkohl und Mais ein verführerisches Stelldichein geben.
Wenn Sie keinen Gorgonzola mögen, probieren Sie andere Käsesorten aus.

Ergibt 3 bis 4 Beilagenportionen

Für den Rosenkohl:

350 g geputzter Rosenkohl, halbiert
1 Schalotte (60 g), in Ringe geschnitten
1 Esslöffel Olivenöl

Für die Sauce:

1 Esslöffel (15 g) Butter
1 Esslöffel Maisstärke
½ Teelöffel Meersalz
½ Teelöffel frisch gemahlener schwarzer Pfeffer
¾ Tasse (180 ml) Vollmilch
85 g Gorgonzola, zerkrümelt

Für den Belag:

½ Tasse (70 g) Maismehl
½ Teelöffel Weinsteinbackpulver
¼ Teelöffel Meersalz
1 großes Ei
2 Esslöffel Olivenöl
2 Esslöffel Vollmilch
1 Esslöffel Honig

Für den Rosenkohl: Den Backofen auf 180 °C vorheizen. Rosenkohl, Schalotten und Olivenöl in einer Schüssel vermischen, auf einem Backblech verteilen und 30 Minuten im Backofen garen, bis die halbierten Röschen weich sind.

Für die Sauce: Wenn der Rosenkohl fast gar ist, Butter in einer kleinen Kasserolle zerlassen. Maisstärke, Salz und Pfeffer mit einem Schneebesen unterziehen und 1 Minute köcheln lassen. Milch mit dem Schneebesen einrühren und unter Rühren zum Kochen bringen, sodass die Mischung andickt. Vom Herd nehmen und den Gorgonzola unterziehen. Sobald der Käse geschmolzen ist, den Rosenkohl in eine gefettete Auflaufform (etwa 2 Liter) geben, die Sauce darüber verteilen. Den Auflauf 10 Minuten im Backofen überbacken.

Für den Belag: Während der Auflauf gart, Maismehl, Backpulver und Salz in einer mittelgroßen Schüssel vermischen. Ei, Olivenöl, Milch und Honig in einer zweiten Schüssel mit dem Schneebesen verrühren. Die nassen Zutaten über die trockenen gießen, mit den Händen zu Streuseln verarbeiten und diese über den Auflauf streuen. Den Auflauf weitere 16 bis 20 Minuten im Backofen backen, bis die Streusel goldbraun sind.

BUCHWEIZEN

Wie Hafer verarbeitete ich Buchweizen schon lange, bevor ich erfuhr, welche Wunder er in der glutenfreien Ernährung wirken kann. Meine Lieblingswaffeln enthalten eine ordentliche Portion Buchweizenmehl, das sie besonders leicht und luftig macht. Die Buchweizen-Crêpes (Seite 120) schmecken sowohl mit herzhafter als auch mit süßer Füllung köstlich. Buchweizen hat einen intensiven, nussigherben Eigengeschmack und macht jede glutenfreie Mahlzeit zum Genuss.

Dabei ist Buchweizen eigentlich kein Getreide, sondern gehört zu den Knöterichgewächsen wie der Rhabarber. Seine Samen haben eine dreieckige Form und sind etwas kleiner als Weizenkörner. Ursprünglich stammt der Buchweizen aus Eurasien und wurde in China und Japan angebaut. Mittlerweile ist er aber auch in Russland und Frankreich sehr beliebt. Er enthält viel Protein und Ballaststoffe, darüber hinaus Zink, Kupfer und Mangan.

Man erhält Buchweizen als Rohware oder geröstet. Gerösteten Buchweizen nennt man *Kasha* (Buchweizengrütze). Ich schätze die nicht geröstete Form für Getreidesalate und Pilaw-Gerichte. Die geröstete ergibt jedoch ein besonders aromatisches Mehl. Sie finden Buchweizen als ganzes Korn oder als Grütze im Naturkostladen oder Reformhaus.

Buchweizenmehl

Ich mag den Geschmack von Buchweizen in Backwaren, deshalb wird bei mir zu Hause fast der ganze Buchweizen zu Mehl gemahlen. Hier macht es einen großen Unterschied, ob Sie mit geröstetem oder rohem Buchweizen arbeiten. Probieren Sie aus, was Ihnen besser schmeckt. Ich verwende meistens die Rohware, aus dem schlichten Grund, weil ich sie zu Hause habe.

Buchweizenkörner lassen sich schön in der Getreidemühle mahlen, für kleinere Menge reicht auch die Kaffeemühle aus. Ähnlich wie Hafermehl wird Buchweizenmehl schnell ranzig. Am besten mahlen Sie genau die Menge, die Sie brauchen. Sollte etwas Buchweizenmehl übrig bleiben, bewahren Sie es im Kühlschrank auf.

Wenn Sie sich nicht glutenfrei ernähren, können Sie bei der Rhabarber-Pie (Seite 68) ein Drittel des Weizenmehls durch Buchweizenmehl ersetzen. Buchweizenmehl ist ein guter Partner für Weizenmehl, weil er Backwaren leichter macht. Auch bei den Haferpfannkuchen (Seite 111) lässt sich die Hälfte des Hafermehls durch Buchweizenmehl tauschen. Aufgrund seiner Glutenfreiheit werden Backwaren mit 100 Prozent Buchweizenmehl leicht brüchig.

Maßangaben

1 Tasse Buchweizenkörner, roh oder geröstet = 180 g

1 Tasse Buchweizenmehl = 120 g

1 Tasse (180 g) Buchweizenkörner = 1 ½ Tassen (180 g) Buchweizenmehl

Buchweizen-Pfannkuchen mit Himbeersauce

Dieser Pfannkuchen ist ein wunderbares Frühstücksgericht fürs Wochenende und wird im Backofen gebacken. Der Teig ist jedoch wirklich schnell zubereitet, sodass Sie in Nullkommanichts ein üppiges Frühstück zaubern können. Der Buchweizen verleiht dem Pfannkuchen eine eigene Note. Für die Sauce können Sie die Himbeeren durch jede andere Beerenart ersetzen.

Ergibt 3 bis 4 Portionen

Für den Pfannkuchen:

2 große Eier

¼ Tasse plus 2 Esslöffel (90 ml) fettarme Milch

½ Tasse (60 g) Buchweizenmehl

3 Esslöffel Pfeilwurzelmehl

abgeriebene Schale von ½ Bio-Zitrone

1 Prise Teelöffel Meersalz

1 Esslöffel Ahornsirup

Mark von ½ Vanilleschote

1 Esslöffel (15 g) Butter, plus ein bisschen mehr zum Bestreichen

Für die Himbeeren:

1½ Tassen (180 g) Himbeeren

2 Esslöffel Ahornsirup

Schlagsahne oder Crème double zum Servieren

Den Backofen auf 200 °C vorheizen.

Für den Pfannkuchen: Eier, Milch und Mehl mit Zitronenschale, Salz, Ahornsirup und Vanillemark in einen Mixer geben und zu einem glatten Teig verrühren.

Butter in einer feuerfesten Pfanne von 20 bis 25 Zentimetern Durchmesser auf mittlerer Flamme zerlassen und schwenken, sodass der ganze Pfannenboden bedeckt ist. Den Teig hineingießen. Die Pfanne in den Backofen stellen und den Pfannkuchen goldbraun backen. Bei einer Pfanne von 20 Zentimetern Durchmesser dauert das 22 bis 24 Minuten, bei 25 Zentimetern Durchmesser verringert sich die Backzeit auf 18 bis 22 Minuten.

Für die Himbeeren: Himbeeren und Ahornsirup in einer kleinen Kasserolle auf mittlerer Hitze erwärmen und 10 bis 12 Minuten köcheln lassen, sodass die Himbeeren zu einer feinen Sauce zerfallen.

Den Pfannkuchen mit Butter bestreichen, die Himbeersauce darübergießen, einen Klecks Sahne oder Crème double daraufsetzen und servieren.

Sie können das Pfeilwurzelmehl hier auch weglassen, denn der Pfannkuchen ist ohnehin eine dichte, gestockte Masse. Das Pfeilwurzelmehl macht ihn ein wenig fluffiger, ist aber nicht unbedingt nötig.

Buchweizen-Crêpes mit Taleggio und Spinat

Ich liebe Sandwiches mit gegrilltem Käse. Die Crêpes-Version ist ein bisschen edler und mit Buchweizen einfach perfekt, da er die Crêpes leicht und knusprig macht. Sollten Sie noch nie den italienischen Weichkäse Taleggio probiert haben, dann holen Sie das jetzt unbedingt nach. Er schmeckt herrlich.

Ergibt 2 Portionen

Für die Crêpes:

¼ Tasse (30 g) Buchweizenmehl

1 Prise Meersalz

1 großes Ei

3 Esslöffel fettarme Milch oder Vollmilch

1 Esslöffel Walnussöl

Für die Füllung:

1 Esslöffel Olivenöl

2 Tassen (80 g) Spinatblätter

¼ Teelöffel roter Pfeffer, mit dem Messer zerdrückt (wahlweise)

60 g Taleggio, in kleine Stücke geschnitten

Für die Crêpes: Buchweizenmehl, Salz, Ei, Milch und Walnussöl in einer Schüssel mit einem Schneebesen zu einem glatten Teig verrühren. Eine Pfanne von 20 Zentimetern Durchmesser mit Öl bestreichen und auf mittlerer Flamme erhitzen. Etwa ¼ Tasse Teig hineingeben und mit einem Crêpeholz hauchdünn verstreichen. Die Crêpe etwa 30 Sekunden backen, bis die Ränder sich vom Pfannenboden lösen. Umdrehen und weitere 15 Sekunden backen. Die fertigen Crêpes so auf eine Platte legen, dass sie nicht übereinanderliegen, und beiseitestellen.

Für die Füllung: Olivenöl in einer Pfanne erhitzen, Spinat und wahlweise Pfefferkörner dazugeben. Die Hitze reduzieren und den Spinat unter Rühren 3 bis 4 Minuten zusammenfallen lassen.

Auf jede Crêpe etwa ¼ Tasse der Spinatmischung geben und auf einer Hälfte verteilen. Ein Viertel vom Käse darüberstreuen. Die andere Crêpehälfte über die Füllung klappen, dann die Crêpe zu einem Dreieck falten. Mit den restlichen 3 Crêpes ebenso verfahren. Die Pfanne auf mittlerer Flamme erwärmen. Die gefaltete Crêpe hineinlegen und den Käse 2 bis 3 Minuten schmelzen lassen.

Wenn Sie keinen Spinat zur Hand haben, können Sie auch Mangold, Grünkohl oder Pak Choi verwenden.

Buchweizen-Enchiladas mit schwarzen Bohnen und Tomaten-Chipotle-Sauce

Enchiladas lassen sich gut vorbereiten und einfrieren. So steht im Notfall schnell eine Mahlzeit auf dem Tisch. Die Zutatenliste mag auf den ersten Blick etwas abschreckend wirken, aber tatsächlich ist das Gericht schnell gemacht. Die Füllung verlockt zum Experimentieren: Pilze, Mais, Tomaten und Paprika – all das passt hervorragend zu schwarzen Bohnen und Spinat.

Ergibt 8 Enchiladas

Für die Sauce:

1 Esslöffel Olivenöl

½ rote Zwiebel (80 g), fein gehackt

700 g Eiertomaten, grob geschnitten

½ bis 1 Teelöffel Chipotle-Chilipulver (mit Räucheraroma)

½ Teelöffel Meersalz

2 Teelöffel Honig

½ Tasse (10 g) frisches Koriandergrün

Für die Crêpes:

½ Tasse (60 g) Buchweizenmehl

¼ Teelöffel Meersalz

2 große Eier

½ Tasse (120 ml) Gemüsebrühe

2 Esslöffel Olivenöl oder zerlassenes Kokosöl

Für die Füllung:

1½ Tassen (ca. 70 g) Spinat, grob geschnitten

1 Tasse (180 g) gekochte schwarze Bohnen (Dosenware abspülen)

120 g Queso fresco (ersatzweise Ricotta), zerkrümelt

¼ Teelöffel Meersalz

¼ Tasse (5 g) frisches Koriandergrün

1 Esslöffel Limettensaft, frisch gepresst

Für die Sauce: Olivenöl in einer Kasserolle auf mittlerer Flamme erhitzen. Zwiebeln hinzugeben und glasig dünsten. Tomaten dazugeben und mit Chilipulver, Salz und Honig würzen. Köcheln lassen, bis die Tomaten zerfallen. Fein gehacktes Koriandergrün einrühren und vom Herd nehmen. Die Sauce mit einem Stabmixer glatt pürieren und beiseitestellen.

Für die Crêpes: Buchweizenmehl, Salz, Eier, Gemüsebrühe und Öl in einer Schüssel glatt rühren. Eine Pfanne von 20 Zentimetern Durchmesser dünn einölen und auf mittlerer Flamme erhitzen. ¼ Tasse (40 Gramm) Teig in die Pfanne geben und so verlaufen lassen, dass er den gesamten Pfannenboden bedeckt. Den Teig etwa 30 Sekunden backen. Sobald sich die äußeren Ränder vom Boden zu lösen beginnen, den Teig wenden und weitere 15 Sekunden garen. Die fertigen Crêpes so auf eine Platte legen, dass sie nicht übereinanderliegen.

Den Backofen auf 190 °C vorheizen.

Für die Füllung: Spinat, schwarze Bohnen, die Hälfte des zerkrümelten Käses, Salz, Koriandergrün und Limettensaft in einer mittelgroßen Schüssel vermischen.

Zum Zusammensetzen zunächst die Hälfte der Tomatensauce in eine gefettete, 23 x 23 Zentimeter große Auflaufform geben. 1 Crêpe auf die Arbeitsfläche legen und in der Mitte etwa ⅓ Tasse (50 Gramm) der Füllung verteilen. Crêpe zusammenrollen und mit der Nahtstelle nach unten in die Sauce setzen. Mit den restlichen Crêpes genauso verfahren. Die Enchiladas mit der restlichen Tomatensauce übergießen und dem übrigen Käse bestreuen und 25 bis 30 Minuten im Backofen backen, bis der Käse zu bräunen beginnt.

SORGHUM

Wenn ich als Kind mit meinem Fahrrad durch die endlosen Felder des Farmgürtels der USA fuhr, sah ich immer drei Arten von Pflanzen: Mais, Sojabohnen und Sorghumhirse. Ich wusste, dass der Großteil dieser Pflanzen als Viehfutter angebaut wurde, denn der Mais und die Sojabohnen, die wir aßen, waren anders. Bei der Sorghumhirse nahm ich einfach an, dass sie nur als Viehfutter diente. Damit lag ich falsch. Ich wusste gar nicht, was mir da entging.

Sorghum gehört zu den Süßgräsern und ist auf der ganzen Welt verbreitet. Es findet als Viehfutter, zur Herstellung von Alkohol und eines süßen, melasseähnlichen Sirups Verwendung (Zuckerhirse). Sorghum soll vor etwa 8000 Jahren in Ägypten kultiviert worden sein und wird vor allem in Afrika und Asien für den menschlichen Verzehr angebaut, da die Pflanze Trockenheit verträgt. Es gibt verschiedene Sorghumarten, helle und dunkle. Die bekannteste ist wohl die sogenannte Mohrenhirse. Sorghumhirsen sind einzigartig, weil man ihre Kleieschicht essen kann. Daher behält das Korn all seine Vitalstoffe. Die Sorghumkörner sehen bei manchen Sorten fast aus wie Maiskörner. Und tatsächlich kann man sie wie Mais zu Popcorn verarbeiten. Sorghum enthält viel Kieselsäure, Kalium und Eisen.

Die ganzen Körner sind in Europa gewöhnlich nicht leicht zu finden. Sorghummehl aber ist in vielen glutenfreien Allzweckmehlen enthalten. Naturkostläden und Reformhäuser, die sich auf glutenfreie Ernährung spezialisiert haben, führen auch Sorghumhirse. Wer mit Sorghum kochen und backen möchte, muss meist im Internet suchen, wo Sorghummehl auch unter den folgenden Bezeichnungen angeboten wird: Jowar (Juwar) Flour, Harina de Sorgum, Milohirse und Farine de Sorghum.

Sorghummehl

Sollten Sie ganze Sorghumkörner bekommen, können Sie diese in der Getreidemühle mahlen, für kleinere Mengen genügt auch die Kaffeemühle. Küchenmaschinen oder Mixer schaffen es meist nicht, die kleinen Körner zu knacken.

Sorghummehl ist eines meiner Lieblingsmehle bei der glutenfreien Bäckerei. Helles Sorghummehl hat einen neutralen Geschmack und ist weniger sandig im Biss als die meisten anderen glutenfreien Mehle. Sie können ausschließlich mit Sorghummehl backen, meiner Ansicht nach schmeckt es aber am besten, wenn es mit anderen glutenfreien Mehlen gemischt wird, vor allem mit Hafer und Buchweizen. Möchten Sie Ihr eigenes glutenfreies Allzweckmehl mixen, sollte die Mischung auf jeden Fall auch Sorghummehl enthalten.

Maßangaben

1 Tasse Sorghumkörner = 200 g
1 Tasse Sorghummehl = 140 g
1 Tasse (200 g) Sorghumkörner = knapp 1½ Tassen (200 g) Sorghummehl

Zimt-Kaffeekuchen

Dieser Frühstückskuchen ist ein beliebtes Mitbringsel für meine Freunde. Er ist weich und saftig und verbreitet schon vor dem Anschneiden einen verführerischen Duft nach Zimt. Als ich ihn zum ersten Mal backte, wollte mein Mann gar nicht glauben, dass das „Diätnahrung" sein soll.

Ergibt 1 Kuchen von etwa 20 Zentimetern

½ Tasse (70 g) Sorghummehl
¼ Tasse (25 g) Hafermehl
¼ Tasse (35 g) Vollreismehl
¼ Tasse (30 g) Tapiokamehl
1 Teelöffel Weinsteinbackpulver
¼ Teelöffel Natron
½ Teelöffel Meersalz
½ Tasse (120 g) Butter, zerlassen und etwas abgekühlt
⅓ Tasse (80 ml) Ahornsirup
2 große Eier
½ Tasse (110 g) griechischer Joghurt (10 % Fett)
Mark von ½ Vanilleschote
¼ Tasse (25 g) Pekannüsse, grob gehackt
¼ Tasse (60 g) Mascobadozucker
2 Teelöffel Zimtpulver

Den Backofen auf 180 °C vorheizen. Eine 13 x 20 Zentimeter große Kastenform dünn mit Butter ausstreichen.

Alle Mehlsorten, Backpulver, Natron und Salz in einer mittelgroßen Schüssel vermischen. Butter, Ahornsirup, Eier, Joghurt und Vanillemark in einer zweiten Schüssel mit einem Schneebesen verrühren. Die nassen Zutaten über die trockenen geben und zu einem Teig verrühren.

Pekannüsse, Zucker und Zimt in einer kleinen Schüssel vermischen. Die Hälfte des Teiges in die Kastenform geben. Mit drei Viertel der Zimt-Zucker-Mischung bestreuen. Den restlichen Teig darüber geben und mit der restlichen Zimt-Zucker-Mischung bestreuen.

Den Kuchen 45 bis 50 Minuten im Backofen backen, bis er goldbraun ist. Mit einem Messer oder einer Stricknadel hineinstechen. Wenn kein Teig daran kleben bleibt, den Kuchen aus dem Backofen nehmen, 5 Minuten in der Form abkühlen lassen, auf ein Kuchengitter stürzen und ganz auskühlen lassen. In einem luftdicht verschlossenen Behälter hält der Kuchen bei Zimmertemperatur 2 bis 3 Tage.

Schoko-Espresso-Donuts

Mein absoluter Lieblings-Donut war ein einfacher Schokoladen-Donut mit Schokoglasur von unserem Bäcker zu Hause. Als er schließen musste, machte ich mich an die Nachschöpfung. Und siehe da: Der Donut ist zwar möglicherweise nicht ganz so wie der aus meinen Kindertagen, doch er schmeckt noch besser.

Ergibt 12 Donuts

Für die Donuts:

1 Tasse (140 g) Sorghummehl
½ Tasse (50 g) Hafermehl
⅔ Tasse (130 g) Vollrohrzucker
2 Esslöffel Pfeilwurzelmehl
2 Esslöffel Maisstärke
¼ Tasse (20 g) ungesüßtes Kakaopulver
2 Esslöffel fein gemahlener Espressokaffee
2 Esslöffel Backpulver
¼ Teelöffel Meersalz
¼ Tasse (60 g) Butter
¼ Tasse (60 g) Zartbitter-Schokotropfen
4 große Eier
¼ Tasse (55 g) griechischer Joghurt (10 % Fett)
¼ Tasse (60 ml) fettarme oder Vollmilch

Für den Guss:

¾ Tasse plus 2 Esslöffel (200 g) Zartbitter-Schokotropfen
¼ Tasse plus 2 Esslöffel (90 ml) Konditorsahne (mind. 36 % Fett)
körniges Meersalz zum Bestreuen

Den Backofen auf 180 °C vorheizen. Eine Donutform für 12 Donuts mit Butter ausstreichen.

Für die Donuts: Mehl, Zucker, Pfeilwurzelmehl und Maisstärke mit Kakaopulver, Espresso, Backpulver und Salz in einer großen Schüssel gründlich vermischen. Butter und Schokotropfen im Wasserbad schmelzen lassen, vom Herd nehmen und leicht abkühlen lassen. Eier, Joghurt und Milch in einer zweiten Schüssel mit einem Schneebesen verrühren. Die Buttermischung und die Eiermischung über die trockenen Zutaten gießen. Zu einem glatten Teig verrühren.

Den Teig löffelweise in die Donutform füllen, dabei die einzelnen Vertiefungen ganz füllen. Die Donuts 12 bis 15 Minuten im Backofen backen, bis ihre Oberfläche auf Druck wieder zur ursprünglichen Form zurückkehrt. Die Donuts auf ein Kuchengitter stürzen und abkühlen lassen, während Sie den Guss vorbereiten.

Für den Guss: Schokotropfen und Sahne im Wasserbad verrühren, bis die Schokolade komplett geschmolzen ist. Die obere Hälfte jedes Donut in die Schokosahne tauchen und auf ein Kuchengitter setzen. Den Guss leicht antrocknen lassen, dann mit Salzkörnern bestreuen. Die Donuts bleiben in einem luftdicht verschlossenen Behälter bei Zimmertemperatur 2 bis 3 Tage frisch.

Ricotta-Pfannkuchen mit frischen Beeren

Als ich diese Pfannkuchen zum ersten Mal machte, wollte ich nicht so recht glauben, dass es einen Riesenunterschied macht, ob man die Eier trennt oder nicht. Ich war angenehm überrascht. Die Pfannkuchen sind leicht und locker und gehören bei uns mittlerweile zu den klassischen Wochenend-Leckereien, die gut zu frischen Beeren passen.

Ergibt 10 bis 12 Pfannkuchen

¾ Tasse (180 g) vollfetten Ricotta
3 große Eier, getrennt
½ Tasse (120 ml) fettarme Milch oder Vollmilch
1 Esslöffel Ahornsirup
½ Tasse (70 g) Sorghummehl
¼ Tasse (30 g) Hirsemehl
2 Esslöffel Tapiokamehl
½ Teelöffel Backpulver
¼ Teelöffel Meersalz
abgeriebene Schale von ½ Bio-Zitrone

frische Beeren zum Anrichten

Ricotta in ein sauberes Küchentuch geben, zusammendrehen und die überschüssige Flüssigkeit auspressen. Trockenen Ricotta in eine Schüssel geben. Eigelb, Milch und Ahornsirup hinzufügen. Sorghum-, Hirse- und Tapiokamehl mit Backpulver, Salz und Zitronenschale in einer zweiten Schüssel vermischen. Die nassen Zutaten über die trockenen gießen und gut verrühren.

Mit einem Handmixer das Eiweiß steif schlagen. Ein Viertel des steif geschlagenen Eiweißes esslöffelweise unter den Pfannkuchenteig ziehen. Mit dem restlichen Eiweiß genauso verfahren.

Eine Pfanne auf mittlerer Flamme erhitzen und mit Butter bestreichen. Für jeden Pfannkuchen ¼ Tasse (60 Gramm) des Teiges in die Pfanne gießen. Die Pfannkuchen von jeder Seite etwa 2 Minuten goldbraun backen. Mit frischen Beeren bestreut servieren.

Vermutlich geraten Sie in Versuchung, zu fettarmem Ricotta zu greifen. Ich empfehle Ihnen allerdings wärmstens, bei der vollfetten Variante zu bleiben. Die Pfannkuchen werden so sehr viel saftiger.

KLEBREIS

Unmittelbar nach dem College träumte ich davon, eine eigene Bäckerei zu eröffnen. Also suchte ich mir einen Job in einer beliebten Bäckerei vor Ort, um ein wenig Erfahrung zu sammeln. Der Besitzer hatte gerade einen Teil der Bäckerei zu einer glutenfreien Zone umgestaltet, und ich hatte das Glück, dort arbeiten, vor allem aber backen zu dürfen. Eines Tages bekamen wir eine Riesenbestellung für Cookies rein, und so sprintete ich zum nächsten Asialaden, um den kompletten Klebreis aufzukaufen. Damals war mir noch nicht klar, was das Besondere an Klebreis ist.

Klebreis heißt so, weil die Körner besser zusammenhaften als bei anderen Reissorten. Er enthält kein Gluten und schmeckt auch nicht besonders süß, doch in Asien wird er eben wegen seiner „Klebequalität" gern für Reiskuchen verwendet. Mittlerweile gibt es Klebreis auch in Vollkornqualität. Bei Vollkorn-Klebreis wurde die äußere Schicht nicht so stark abgeschliffen, was dem Korn mehr Vitalstoffe lässt. Weißer Reis ist auch als Klebreis stark poliert, was ihn nährstoffärmer macht.

Vollkorn-Klebreis finden Sie in gut sortierten Naturkostläden und Reformhäusern. Oder Sie bestellen ihn im Internet. Achten Sie darauf, tatsächlich Klebreis zu kaufen und nicht nur schlichten Rundkornreis. Es gibt Klebreis auch in einer schwarzen Variante, die durch ihr nussiges Aroma überzeugt.

Klebreismehl

Klebreismehl wirkt beim glutenfreien Backen wahre Wunder. Es hält die Backwaren zusammen, weil es einen hohen Stärkeanteil hat (eben aus diesem Grund kleben die Körner zusammen). Häufig ist Klebreismehl auch Grundlage für glutenfreie Brote, da es auch mit Sauerteig oder Hefe verarbeitet werden kann.

Beim Backen sind Vollkorn-Klebreis und weißer Klebreis fast austauschbar. Das Mehl hat einen feinen Eigengeschmack und überdeckt daher andere Geschmacksnuancen nicht. Klebreismehl lässt sich gut mischen, wie zum Beispiel bei den Schoko-Mochis (Seite 129).

Mahlen können Sie Klebreis am besten in der Getreidemühle oder im Hochleistungsmixer. Er ist deshalb so gut zum Backen geeignet, weil er so fein ist. Wenn Sie eine Kaffeemühle zum Mahlen verwenden, sollten Sie das Mehl allerdings durchsieben. Ich mahle das Mehl häufig im Voraus und bewahre es im Gefrierschrank auf. Dann ist es immer zur Hand, wenn ich es zum Andicken von Saucen oder für glutenfreie Backwaren brauche.

Maßangaben

1 Tasse Vollkorn-Klebreis = 190 g
1 Tasse Vollkorn-Klebreismehl = 150 g
1 Tasse (190 g) Vollkorn-Klebreis = 1¼ Tassen (190 g) Vollkorn-Klebreismehl

Schoko-Mochi

Mochi sind japanische Reiskuchen, bei denen die Textur mindestens so wichtig ist wie der Geschmack. Als ich Mochi-Kuchen zum ersten Mal kostete, mochte ich ihre schwammartige Konsistenz nicht. Bald darauf aber verlor ich mein Herz an diese hübschen Kuchen. Die Schoko-Version ist meine Lieblings-Geschmacksrichtung. Das Natron können Sie auch weglassen, aber es verleiht dem Kuchen eine angenehme Leichtigkeit. Ohne Natron wird der Kuchen sehr schwer.

Ergibt 16 Portionen

¼ Tasse (60 g) Butter
½ Tasse (120 g) Zartbitter-Schokotropfen (wahlweise geriebene Zartbitterschokolade)
1 Tasse (150 g) Vollkorn-Klebreismehl
½ Tasse (100 g) Vollrohrzucker
1 Teelöffel Natron
1 Tasse (220 g) griechischer Joghurt (10 % Fett)
½ Tasse (120 ml) Vollmilch
1 großes Ei
Mark von ½ Vanilleschote

Den Backofen auf 180 °C vorheizen. Eine 23 x 23 Zentimeter große Auflaufform mit Butter ausstreichen.

Butter und Schokolade im Wasserbad schmelzen. Gelegentlich umrühren, bis sich beides gut vermischt hat. Vom Herd nehmen und ein wenig abkühlen lassen.

Klebreismehl, Zucker und Natron in einer großen Schüssel vermischen. Joghurt, Milch, Ei und Vanillemark in einer zweiten Schüssel verrühren. Joghurt- und Buttermischung über die trockenen Zutaten geben und zu einem glatten Teig verrühren.

Den Teig in die Auflaufform gießen. Den Kuchen 25 bis 28 Minuten im Backofen backen, bis er keine Blasen mehr wirft. Abkühlen lassen und in Scheiben schneiden. In einem luftdicht verschlossenen Behälter bleiben die Schoko-Mochi bei Zimmertemperatur 2 bis 3 Tage frisch.

Angel Cake mit Reismehl

Zu meinen frühesten Erinnerungen gehört das Bild meiner Mutter, die Angel Cake backt. Ungeduldig sah ich zu, wie sie den fertigen Kuchen über eine leere Limoflasche stürzte, die wir extra für diesen Zweck aufbewahrten. Ich beobachtete, wie er abkühlte, weil ich immer dachte, er müsse gleich herabfallen, was aber niemals geschah. Sobald er ganz abgekühlt war, bekam jeder ein Stück Kuchen mit Vanille-Eis und frischem Obst – das beste Gegengift gegen die heißen Sommer in Illinois.

Ergibt 8 bis 10 Portionen

1 ½ Tassen (320 g) Eiweiß (von 10 bis 11 Eiern)
1 ½ Teelöffel Weinsteinbackpulver
1 Tasse (200 g) Vollrohrzucker
Mark von ½ Vanilleschote
⅓ Tasse (50 g) Vollkorn-Klebreismehl
¼ Tasse (35 g) Vollreismehl
2 Esslöffel Tapiokamehl
¼ Tasse (30 g) Maisstärke
¾ Teelöffel Meersalz

Den Backofen auf 180 °C vorheizen.

Eiweiß in einer großen Schüssel mit einem Handmixer auf höchster Stufe 3 bis 5 Minuten mäßig steif schlagen. Weinsteinbackpulver hinzugeben und weiterschlagen. Dann Zucker langsam einrieseln lassen, währenddessen weiterschlagen. 3 bis 5 Minuten weiterschlagen, bis die Masse glänzt. Den Handmixer auf niedrigste Stufe stellen und Vanillemark einrühren.

Mehl, Stärke und Salz in einer weiteren Schüssel vermischen. Die Mischung in ein Mehlsieb geben. Ein Viertel davon über die Eiweißmasse sieben und vorsichtig unterziehen. So fortfahren, bis das Mehl vollständig eingearbeitet ist. Dabei nicht zu viel rühren.

Den Teig in eine beschichtete Springform mit Rohrboden geben und 40 bis 50 Minuten im Backofen backen, bis die Oberfläche hellbraun ist. Die Form über eine Glasflasche stürzen, denn der Kuchen muss „hängend" auskühlen, weil er sonst zusammenfällt.

Eiweiß kann recht launisch sein. Achten Sie darauf, dass die Schüssel zum Schlagen ganz sauber ist und das Eiweiß keine Dotterspuren enthält. Zu diesem Zweck sollten Sie beim Trennen der Eier jedes Ei einzeln in eine Tasse schlagen und Dotter und Eiweiß trennen. Geben Sie das Eiweiß erst dann in die Rührschüssel. Fetten Sie die Backform auf keinen Fall!

Orangen-Mohnkuchen

Wenn wir einen längeren Ausflug machen, plane ich mit größtem Vergnügen die Snacks. Ich habe immer frisches Obst und Nüsse dabei, ein wenig Käse und irgendeine leckere Backware. Dieser Kuchen gibt für solche Tage ein nahrhaftes Frühstück, und was übrig bleibt, können Sie einpacken und mitnehmen. Das Orangenaroma ist sehr fein, lässt sich aber auch durch Zitronenaroma ersetzen.

Ergibt 10 bis 12 Stück

Für den Kuchen:

1 Tasse (150 g) Vollkorn-Klebreismehl
½ Tasse (70 g) Sorghummehl
½ Tasse (50 g) Hafermehl
¼ Tasse (30 g) Pfeilwurzelmehl
1 Esslöffel Mohnsamen
2 Teelöffel Backpulver
¼ Teelöffel Meersalz
½ Tasse (120 g) Butter, zerlassen
½ Tasse (120 ml) Ahornsirup
3 große Eier
2 Esslöffel abgeriebene Schale von 1 Bio-Orange
Mark von 1 Vanilleschote

Zum Tränken:

2 Esslöffel Vollrohrzucker
2 Esslöffel Orangensaft, frisch gepresst

Den Backofen auf 180 °C vorheizen. Eine 13 x 20 Zentimeter große Auflaufform mit Butter ausstreichen.

Für den Kuchen: Mehl, Pfeilwurzelmehl, Mohnsamen, Backpulver und Salz in einer großen Schüssel gründlich vermischen. Zerlassene Butter, Ahornsirup, Eier, Orangenschale und Vanillemark in einer zweiten Schüssel verrühren. Die nassen Zutaten über die trockenen gießen und den Teig glatt rühren.

Den Teig in die vorbereitete Form füllen und den Kuchen 40 bis 45 Minuten im Backofen backen, bis er sich in der Mitte hebt. Wenn beim Anstechen des Kuchens kein Teig an der Nadel hängen bleibt, können Sie den Kuchen aus dem Backofen nehmen. Den Kuchen in der Form 10 Minuten abkühlen lassen, dann auf ein Kuchengitter stürzen.

Zum Tränken: Zucker und Orangensaft in einer kleinen Schüssel mit einem Schneebesen verrühren. Gleichmäßig über den Kuchen gießen. Ganz auskühlen lassen, bevor Sie den Kuchen in Stücke schneiden. In einem luftdicht verschlossenen Behälter hält der Kuchen 2 bis 3 Tage.

Kapitel 4

Tolle Hülsenfrüchte

Manche Mehle lassen sich vielseitig verwenden. Mehl aus Hülsenfrüchten hingegen dient meist einem bestimmten Verwendungszweck. Kichererbsenmehl zum Beispiel nehme ich für eine schöne goldbraune Farinata (Seite 142). Mehl von schwarzen Bohnen, Linsen und Erbsen lässt sich zu dicken Suppen verarbeiten, während sich Mehl aus weißen Bohnen gut zum Andicken herzhafter Gerichte eignet. Für dieses Buch habe ich meine Gewohnheiten hintangestellt, um Ihnen zu zeigen, was Sie mit diesen Mehlen alles machen können. Es gibt viele verschiedene Hülsenfrüchte, daher rate ich Ihnen, zunächst die zu vermahlen, die Sie schon zu Hause haben.

Das größte Problem beim Bohnenmehl ist der Geschmack. Bohnenmehle eignen sich hervorragend für glutenfreie Backwaren, doch sie hinterlassen einfach einen Nachgeschmack nach Bohnen. Und das hat mir schon so manches Backwerk ruiniert, das von der Idee her gut war.

Um den intensiven Eigengeschmack ein wenig zu mildern, koche ich die Bohnen vor dem Mahlen. Hülsenfrüchte erst zu kochen und dann wieder zu trocknen, bedeutet zwar mehr Arbeit, macht sie aber bekömmlicher. Denn Mehl aus ungekochten Bohnen verursacht bei mir meist Verdauungsbeschwerden. Wenn ich Bohnen koche, dann immer eine ganze Menge auf einmal. Ich weiche sie vor dem Kochen ein, und nach dem Garen wandert die eine Hälfte in den Gefrierschrank, die andere in den Dörrautomaten. Die einzige Ausnahme bilden hier Linsen und Spalterbsen, weil sie milder schmecken und leicht verdaulich sind.

Wenn der Geschmack von Bohnenmehl Ihnen trotz dieses ganzen Procederes nicht behagt, können Sie es mit Rösten versuchen. Geben Sie etwa 1 Tasse (120 Gramm) Bohnenmehl in eine beschichtete Pfanne und rösten Sie es unter ständigem Rühren auf mittlerer Flamme 8 bis 10 Minuten. Das ist vor allem bei Bohnen mit intensivem Eigengeschmack wie der Puffbohne hilfreich.

Der Großteil meiner Bohnenrezepte dreht sich um Suppen und Saucen. Ich verwende gern Bohnenmehl zum Andicken statt der üblichen Sahne, denn damit erziele ich dieselbe cremige Beschaffenheit bei einem Mehr an Proteinen. Ein schönes Beispiel dafür ist der Käse-Bohnen-Dip (Seite 156). Auch Brote profitieren vom Proteinreichtum der Hülsenfrüchte, vor allem wenn sie glutenfrei sind. Nehmen Sie zum Einstieg weiße Bohnen oder Kichererbsen, denn diese sind im Geschmack etwas milder.

WIE ICH BOHNEN KOCHE

Da ich Bohnen gern esse, koche ich sie meistens selbst. Dafür 3 bis 4 Tassen (540 bis 720 Gramm) getrocknete Bohnen nehmen und verfärbte und vertrocknete Bohnen sowie Steinchen und anderen Schmutz aussortieren. Die Bohnen abspülen und in einen großen Topf geben. Diesen mit Wasser auffüllen, sodass die Bohnen 5 bis 7 Zentimeter hoch bedeckt sind. Über Nacht, mindestens aber 8 bis 10 Stunden einweichen lassen. Abgießen und die Bohnen erneut unter fließendem Wasser abspülen. Zurück in den Topf geben und mit frischem Wasser auffüllen. Zum Kochen bringen und 40 bis 45 Minuten köcheln lassen, bis sie weich sind.

WIE ICH BOHNEN EINFRIERE

Da ich immer große Mengen zubereite, um sie stets zur Hand zu haben, friere ich den nicht verwendeten Rest ein. Ich lasse die Bohnen abkühlen und friere sie samt Kochflüssigkeit portionsweise in der Menge, die ich für ein Gericht brauche, in Tiefkühlbehältern ein. Wenn Sie Bohnen mit der Kochflüssigkeit einfrieren, schützt sie das auch vor Gefrierbrand, sollten sie länger als 2 Wochen im Gefrierschrank bleiben. Wenn ich schon weiß, dass ich einen Teil der Bohnen zu einem Salat brauche, gieße ich die ein oder andere Portion ab. Zum Auftauen die Bohnen aus dem Gefrierschrank nehmen und im Kühlschrank auftauen. Muss es schnell gehen, können Sie den Gefrierbehälter auch einfach in warmes Wasser stellen.

KICHER-ERBSEN

Wenn mich jemand fragte, was ich in der Küche am liebsten verwende, dann gibt es nur eine Antwort: Kichererbsen. Sie stecken voller Proteine und sind quasi universell verwendbar: für Salate, Brotaufstriche oder als Mehl. Ich koche meist einen ganzen Topf voll, den ich dann zu Suppen oder Hummus verarbeite. Den Rest friere ich ein. So muss ich nicht zu Dosenware greifen, wenn's mal schnell gehen muss.

Kichererbsen kennt man auch als Garbanzo-Bohnen. Die hellere, größere Sorte heißt Kabuli, die kleinere, dunkle Desi. Kichererbsen kannte man bereits in der Jungsteinzeit, die ältesten Funde stammen aus der Türkei. Aber auch im alten Griechenland, in Troja und Rom waren sie beliebt. Nach dem Krieg wurden geröstete Kichererbsen in Deutschland sogar als Kaffee-Ersatz verwendet. Die meisten Rezepte allerdings stammen aus der Mittelmeerküche. Die Kichererbse liefert uns wertvolle Proteine, Zink und Folate.

Man findet sie in vielen Supermärkten. Kichererbsen in Bio-Qualität bekommen Sie in Naturkostläden und Reformhäusern.

Kichererbsenmehl

Kichererbsenmehl wird vor allem im Nahen Osten verwendet, doch auch in Süditalien und Spanien kommt es häufig auf den Tisch. Da sich immer mehr Menschen glutenfrei ernähren, wird Kichererbsenmehl immer beliebter. Der Geschmack nach Hülsenfrüchten lässt sich allerdings nicht überdecken. Daher habe ich nach allerlei Versuchen hier nur Rezepte aufgenommen, die mit dem Geschmack spielen, statt ihn zu verbergen. Wenn der Geschmack Sie nicht stört, können Sie Kichererbsenmehl für alle glutenfreien Rezepte verwenden.

Da man in den USA meist nur die hellere Kabulisorte findet, mache ich auch aus dieser mein Mehl. Das Mahlen von Kichererbsen gelingt nur mit einer Getreidemühle mit besonders starkem Motor. Es funktioniert auch mit einem Hochleistungsmixer, meist lassen sich kleine Mengen auch mit der Kaffeemühle herstellen. Sieben Sie das Mehl hinterher auf jeden Fall durch. Wenn Sie die Kichererbsen vor dem Mahlen kochen und trocknen, achten Sie darauf, dass sie auch tatsächlich ganz trocken sind, bevor Sie sie mahlen. Zu weiche Bohnen verkleben das Mahlwerk. Während des Koch- und Trockenprozesses fallen meist die weißen Häutchen ab. Diese sollten Sie vor dem Mahlen entfernen.

Maßangaben

1 Tasse Kichererbsen = 180 g

1 Tasse Kichererbsenmehl = 120 g

1 Tasse (180 g) Kichererbsen = 1 ½ Tassen (180 g) Kichererbsenmehl

Gemischter Salat mit Falafel

Ich hatte einst eine glühende Leidenschaft für alles Frittierte. Erst als ich anfing, mich gesünder zu ernähren, schmeckten mir diese Sachen nicht mehr. Knusprige Falafel allerdings sind ein wunderbarer Ersatz, falls Sie derartige Gelüste überfallen sollten.

Ergibt 4 Portionen

Für die Falafel:

1 Knoblauchzehe, geschält

½ Tasse (80 g) Zwiebeln, grob gehackt

2 Tassen (320 g) gegarte Kichererbsen aus der Dose, abgegossen und gespült

¼ Tasse (5 g) frisches Koriandergrün

¼ Tasse (15 g) frische Petersilie

je 1 Teelöffel Koriander- und Kreuzkümmelpulver

½ Teelöffel Paprikapulver

¼ Teelöffel Meersalz

½ Teelöffel Backpulver

je 2 Esslöffel Olivenöl und Limettensaft

¼ Tasse (30 g) Kichererbsenmehl

Für den Salat:

3 bis 4 Handvoll grüner Salat

1 Tasse Kirschtomaten

½ Salatgurke, in Scheiben geschnitten

90 bis 120 g Fetakäse

Für das Dressing:

Je ¼ Tasse (60 ml) Zitronensaft und Olivenöl

1 Esslöffel Honig

1 Knoblauchzehe, fein gehackt

¼ Teelöffel Meersalz

Den Backofen auf 220 °C vorheizen. Ein Backblech dünn einölen oder mit Backpapier auslegen.

Für die Falafel: Knoblauch in der Küchenmaschine fein hacken, Zwiebeln hinzugeben und weiter mit der Pulse-Taste zerkleinern. Die restlichen Zutaten hinzufügen und die Küchenmaschine weiterlaufen lassen, bis ein nicht zu klebriger Teig entsteht. 2 bis 3 Esslöffel Teig abstechen und daraus 1 Zentimeter dicke Falafel formen.

Die Falafel auf das Backblech setzen, 20 Minuten im Backofen backen, dann wenden und weitere 15 bis 20 Minuten backen, bis sie goldbraun und knusprig sind.

Für den Salat: Die Salatzutaten auf 4 flachen Tellern anrichten. Mit zerkrümeltem Feta bestreuen.

Für das Dressing: Die Zutaten in einer kleinen Schüssel mit einem Schneebesen zu einer feinen Vinaigrette verrühren. Nach Belieben abschmecken. Die Falafel auf den Tellern hübsch anrichten. Alles mit dem Dressing beträufeln und servieren.

Die Falafel lassen sich gut vorher zubereiten. Bewahren Sie sie in einem luftdicht verschlossenen Behälter im Kühlschrank auf.

Farinata mit Tomaten-Basilikum-Belag

Eine Farinata ist ein Fladenbrot aus Kichererbsenmehl, das sich wunderbar rollen lässt. Oder Sie servieren es mit Belag sozusagen als Pizza. Und natürlich können Sie mit den Zutaten für den Belag spielen. Versuchen Sie es einmal mit Ziegenkäse, Fontina oder Gouda.

Ergibt 1 Farinata von 25 Zentimetern Durchmesser

1 Tasse (120 g) Kichererbsenmehl
1 Tasse (240 ml) Wasser
¼ Tasse (60 ml) Olivenöl
1 Knoblauchzehe, fein gehackt
¼ Teelöffel Meersalz
1 große Ochsenherztomate (220 g)
1½ Tassen (165 g) Mozzarella, in Streifen geschnitten
3 oder 4 Basilikumblätter, in feine Streifen geschnitten

Kichererbsenmehl, Wasser, 2 Esslöffel Olivenöl, Knoblauch und Salz in einer Schüssel vermengen. Den Teig 1 Stunde quellen lassen.

Den Grill im Backofen einschalten und den Rost etwa 20 Zentimeter unterhalb einschieben. Eine feuerfeste Pfanne von 25 Zentimetern Durchmesser hineinstellen und unterm Grill erwärmen. Vorsichtig herausnehmen, 1 Esslöffel Olivenöl hineingeben und den Kichererbsenteig einfüllen. Die Pfanne zurück unter den Grill stellen. Die Farinata 5 bis 10 Minuten garen, bis sie fest geworden ist und die Ränder zu bräunen beginnen. Aus dem Backofen nehmen, den Grill ausschalten. Den Backofen auf 220 °C vorheizen.

Das restliche Olivenöl über die Farinata träufeln. Tomate in 5 Millimeter dicke Scheiben schneiden und auf die Farinata legen. Käse darüberstreuen. Die Pfanne wieder in den Backofen stellen. Die Farinata 8 bis 10 Minuten im Backofen backen, bis der Käse braun wird. Die Farinata aus dem Backofen nehmen und mit Basilikum bestreuen. Vor dem Servieren 2 bis 3 Minuten abkühlen lassen.

Die Farinata lässt sich auch auf dem Backblech zubereiten. Bitte verdoppeln Sie dann die Menge der Zutaten.

Basilikum-Farinata mit Ricotta-Tomaten-Aufstrich

Tatsächlich war Kichererbsenmehl das erste Hülsenfrüchtemehl, das ich ausprobiert habe. Ich hatte irgendwo eine dieser leckeren Farinatas gegessen und wollte sie unbedingt zu Hause nachkochen. Kichererbsenmehl passt geschmacklich gut zu Kräutern und sonnengetrockneten Tomaten, doch Sie können den Aufstrich ganz nach Geschmack variieren.

Ergibt 1 Farinata von 25 Zentimetern Durchmesser

Für die Farinata:

1 Tasse (120 g) Kichererbsenmehl
1 Tasse (240 ml) Wasser
3 Esslöffel Olivenöl, plus ein bisschen mehr zum Beträufeln
1 Knoblauchzehe, fein gehackt
¼ Teelöffel Meersalz
2 Teelöffel frischer Thymian
2 Teelöffel frische Petersilie

Für den Aufstrich:

¼ Tasse (30 g) sonnengetrocknete Tomaten (nicht eingelegt)
½ Tasse (120 ml) Wasser
⅓ Tasse (80 g) Ricotta
¼ Tasse (25 g) Walnüsse
1 Esslöffel Honig
1 Esslöffel Zitronensaft, frisch gepresst
2 Esslöffel frische Basilikumblätter

Für die Farinata: Kichererbsenmehl, Wasser, 2 Esslöffel Olivenöl, Knoblauch, Salz und fein gehackte Kräuter in einer Schüssel vermengen. Den Teig 1 Stunde quellen lassen.

Für den Aufstrich: Sonnengetrocknete Tomaten mit dem Wasser begießen und quellen lassen, während der Teig quillt.

Den Grill im Backofen einschalten und den Rost etwa 20 Zentimeter unterhalb einschieben. Eine feuerfeste Pfanne von 25 Zentimetern Durchmesser hineinstellen und unterm Grill erwärmen. Vorsichtig herausnehmen, 1 Esslöffel Olivenöl hineingeben und den Kichererbsenteig einfüllen. Die Pfanne wieder unter den Grill stellen. Die Farinata 5 bis 10 Minuten garen, bis sie fest geworden ist und ihre Ränder zu bräunen beginnen.

Inzwischen die sonnengetrockneten Tomaten abgießen. Mit Ricotta, Walnüssen, Honig und Zitronensaft in einen Mixer geben und mit der Pulse-Taste zu einer glatten Masse verarbeiten. Basilikumblätter hinzugeben und noch 3- bis 4-mal mit der Pulse-Taste einarbeiten. Nach Belieben abschmecken.

Das noch warme Brot mit der Tomatenmischung bestreichen und mit ein wenig Olivenöl beträufeln.

Versuchen Sie es statt mit sonnengetrockneten Tomaten einmal mit gegrillten roten Paprika und ein bisschen Knoblauch.

LINSEN

Als ich anfing, mich vegetarisch zu ernähren, habe ich vor allem nach Möglichkeiten gesucht, kräftige und sättigende Mahlzeiten zuzubereiten. Und so wandte ich mich den Hülsenfrüchten zu und entdeckte Linsen für mich. Linsen schmecken mild und nehmen den Geschmack von Kräutern und Gewürzen gut an. Ich begann, regelmäßig größere Mengen zu kochen, um stets Linsen für Salate oder Tacos griffbereit zu haben. Currylinsen bereite ich sogar wöchentlich zu, damit lässt sich auch schnell ein leckeres Abendessen zaubern. Außerdem sind Linsen schneller gar als schwarze Bohnen oder Kichererbsen, sodass man sie auch einmal machen kann, wenn einen der Heißhunger überfällt.

Linsen gehören zu den ersten Kulturpflanzen überhaupt und sollen aus Zentralasien stammen. Es gibt zahllose Sorten, die sich alle zu Mehl mahlen lassen. Das gilt besonders für die feinen schwarzen Linsen aus Puy (Frankreich). Eine Samenkapsel enthält immer zwei Linsen. Meist werden Linsen nicht von der Schale befreit. Eine Ausnahme bilden die charakteristischen roten Dal-Linsen, die geschält und gespalten werden und deshalb eine sehr kurze Garzeit haben. Dal-Linsen verlieren beim Kochen ihre Form. Grüne und braune Linsen hingegen behalten ihre Form und lassen sich schön für Suppen und Salate nutzen.

Sie können Linsen überall kaufen – im Supermarkt, im Naturkostladen und im Reformhaus. Grundsätzlich bevorzuge ich biologische Erzeugnisse. Farbe und Form spielen bei der Verwendung natürlich eine Rolle. So nehme ich für Currys rote Linsen, für Salate grüne und für herzhafte Mahlzeiten wie die Linsen-Bällchen (Seite 179) vorzugsweise braune. Alle Linsen lassen sich zu Mehl verarbeiten. Kommt es aber wie bei den Süßkartoffel-Gnocchi (Seite 146) auf die Farbe des Mehls an, wähle ich die Linsen natürlich danach aus.

Linsenmehl

Linsen werden unter den Hülsenfrüchten massiv unterschätzt. Das Mehl lässt sich hervorragend zum Andicken von Speisen verwenden und hat auch nicht den ausgeprägten Eigengeschmack wie Mehl von Bohnen.

Meist mahle ich rote oder braune Linsen, je nach Verwendungszweck. Rote Linsen verleihen dem Gericht einen schönen Orangeton. Soll ein Gericht farblich weniger ungewohnt aussehen, nehme ich braune Linsen. Linsenmehl ist ausgesprochen fein. Daher ist Vorsicht geboten, wenn Sie damit hantieren, sonst fliegt der feine Linsenstaub überall hin. Ich ließ meine Getreidemühle beim Mahlen einmal für 10 Sekunden allein, und als ich zurückkam, trat aus dem Füllstutzen gerade eine gelbliche Linsenwolke aus.

Maßangaben

1 Tasse Linsen = 200 g

1 Tasse Linsenmehl = 140 g

1 Tasse (200 g) Linsen = knapp 1½ Tassen (200 g) Linsenmehl

Feta-Linsen-Dip

Ich bin bekannt dafür, auf keiner Party ohne Mitbringsel zu erscheinen, und natürlich bringe ich immer etwas zu essen mit. Dieser Dip ist schnell gemacht und ausgesprochen würzig. Köstlich zu Crackern, Toast oder Gemüse.

Ergibt 3 Tassen

- 2 Tassen (480 ml) Wasser
- ½ Tasse (70 g) Mehl von Dal-Linsen
- 1 Knoblauchzehe, geschält
- 225 g Fetakäse
- 1 Teelöffel Kurkumapulver
- 2 Teelöffel Kreuzkümmelpulver
- 2 Teelöffel Korianderpulver
- ½ Teelöffel Ingwerpulver
- ½ Teelöffel roter Pfeffer, mit der flachen Seite des Messers zerdrückt
- 1 Esslöffel Zitronensaft, frisch gepresst
- 2 Esslöffel Olivenöl, plus ein bisschen mehr zum Garnieren

Wasser in einer mittelgroßen Kasserolle zum Kochen bringen. Hitze reduzieren und Linsenmehl einrühren. Weiterrühren und die Mischung andicken lassen. Wenn sie glatt ist, vom Herd nehmen und 10 Minuten quellen lassen.

Knoblauch in der Küchenmaschine fein hacken. 170 Gramm Feta dazugeben und mit der Pulse-Taste zu kleinen Stücken verarbeiten. Linsenmischung, Kurkuma, Kreuzkümmel, Koriander, Ingwer, Pfeffer, Zitronensaft und Olivenöl hinzugeben und zu einer glatten Mischung verarbeiten. Wenn der Dip zu dick wird, mehr Olivenöl dazugeben.

Den Dip in die Kasserolle geben und auf mittlerer Flamme erwärmen. Dabei ständig mit einem Schneebesen rühren. Wollen Sie den Dip dünner haben, mehr Wasser hinzufügen. Den restlichen Feta darüberkrümeln, mit einem dünnen Strahl Olivenöl garnieren und warm servieren.

Schnelle Linsen-Curry-Suppe

Oft habe ich am Ende der Woche noch etwas vorgekochten Vollreis übrig. Meistens brate ich ihn dann mit ein wenig Gemüse an. Hin und wieder verarbeite ich ihn auch zur Suppe. Das gibt eine sättigende Mahlzeit, die in weniger als 20 Minuten fertig ist. Wenn Sie dann noch eine gute Currymischung im Küchenschrank haben, sind Sie bei Gerichten wie diesem auf der sicheren Seite.

Ergibt 2 Portionen

2¼ Tassen (540 ml) Gemüsebrühe
¼ Tasse (35 g) Mehl von roten Dal-Linsen
2 Teelöffel Currypulver
¼ Tasse (55 g) griechischer Joghurt (10 % Fett) oder Kokosmilch aus der Dose
1 bis 2 Esslöffel Limettensaft, frisch gepresst
¼ Tasse frisches Koriandergrün

Gemüsebrühe, Linsenmehl und Currypulver in einem großen Topf mit einem Schneebesen verrühren. Aufkochen lassen, die Hitze reduzieren und etwa 10 Minuten köcheln lassen. Dabei häufig umrühren.

Vom Herd nehmen und Joghurt oder Kokosmilch einrühren. Vor dem Servieren mit einem Spritzer Limettensaft würzen und mit Koriandergrün garnieren.

Ist Ihr Curry milder, kann es sein, dass Sie mehr als 2 Teelöffel brauchen.

Süsskartoffel-Linsen-Gnocchi mit Pestosahne

Ich bin immer auf der Suche nach wärmenden Gerichten für die Wintermonate. Denn ich esse zwar gern Nudeln, aber wenn ich mich kohlehydratarm und proteinreich ernähren möchte, ist das nicht gerade die beste Wahl. Linsen-Gnocchi aber schmecken mindestens genauso gut und schenken mehr Protein.

Ergibt 4 Portionen

1 mittelgroße Süßkartoffel (230 g)

Für die Sauce:

- ½ Tasse (20 g) frische Basilikumblätter
- 1 Knoblauchzehe, geschält
- 1 Esslöffel Pinienkerne, geröstet
- 3 Esslöffel Olivenöl
- 1 Esslöffel Zitronensaft, frisch gepresst
- ¼ Teelöffel Meersalz
- ¼ Tasse (10 g) Parmesan, gerieben, plus ein bisschen mehr zum Bestreuen
- ⅔ Tasse (160 ml) Konditorsahne (mind. 36 % Fett)

Für die Gnocchi:

- 1 Eigelb
- ½ Teelöffel Meersalz
- ½ Teelöffel frisch gemahlener schwarzer Pfeffer
- 1½ bis 2 Tassen (200 bis 280 g) Mehl von Dal-Linsen

Den Backofen auf 110 °C vorheizen.

Süßkartoffel mit einer Gabel mehrmals einstechen und 30 Minuten im Backofen backen, bis sie weich ist.

Für die Sauce: Basilikum, Knoblauch, Pinienkerne, Olivenöl, Zitronensaft, Salz und Parmesan in der Küchenmaschine pürieren. Die Masse darf ruhig dick sein. Das Püree in eine Pfanne geben, mit der Sahne aufgießen und beiseitestellen.

Für die Gnocchi: Süßkartoffel abkühlen lassen, bis Sie sie anfassen können. Süßkartoffel pellen, das Fleisch mit einer Gabel zerdrücken und von der Masse ½ Tasse (110 Gramm) abnehmen. Den Rest für andere Zwecke verwenden. Süßkartoffelmasse, Eigelb, Salz, Pfeffer und ½ Tasse (70 Gramm) Linsenmehl in einer Schüssel vermengen. Esslöffelweise noch Linsenmehl hinzufügen, bis sich ein feuchter Teig bildet. Etwas Linsenmehl auf die Arbeitsfläche geben. Den Teig in 4 Kugeln teilen. Diese zu 4 Rollen von 2,5 Zentimetern Durchmesser formen. Die Rollen in 1 Zentimeter dicke Scheiben schneiden. Die einzelnen Scheiben mit einer Gabel flach drücken.

Salzwasser in einem großen Topf zum Kochen bringen. Gnocchi vorsichtig hineingeben und 4 bis 5 Minuten köcheln lassen, bis sie an die Oberfläche steigen. Gnocchi mit einem Schaumlöffel aus dem Wasser heben und in eine Schüssel geben.

Die Pestosahne auf mittlerer Flamme 4 bis 5 Minuten erhitzen, bis sie anfängt einzudicken. Gnocchi dazugeben und 1 bis 2 Minuten ziehen lassen. Mit Parmesan bestreut servieren.

SCHWARZE BOHNEN

Neben den Töpfen mit Kichererbsen stehen in meinem Kühlschrank die Töpfe mit den vorgegarten schwarzen Bohnen. Wenn ich Lust auf etwas Herzhaftes habe und wenig Zeit, mache ich mir schwarze Bohnen mit Reis warm. Als Kind habe ich Bohnen gehasst, doch als ich dann einmal in Costa Rica Urlaub machte und zum Frühstück täglich *gallo pinto* bekam, entwickelte ich eine Schwäche für diese costa-ricanische Spezialität aus schwarzen Bohnen mit Reis. Auch für vegetarische Tacos oder einen Bohnenburger eignen sich schwarze Bohnen bestens (Seite 149).

Schwarze Bohnen haben eine schwarze, leicht glänzende Hülle und ein weißes Auge in der Mitte. Sie gehören zur selben Familie wie Pintobohnen, Kidneybohnen und Limabohnen und stecken voller Proteine und Ballaststoffe. Schwarze Bohnen haben einen milden, erdigen Geschmack, der sich gut mit allen möglichen Gewürzen verträgt, vor allem aber mit Kreuzkümmel und Koriander. Sie stammen aus Südamerika, haben jedoch seit der spanischen Eroberung des Kontinents im 15. Jahrhundert in ganz Europa Verbreitung gefunden.

Sie können schwarze Bohnen überall kaufen, auch als Dosenware. Ich persönlich habe neben gekochten Bohnen auch immer Trockenware vorrätig, die ich dann zu Mehl verarbeiten kann.

Mehl von schwarzen Bohnen

Meine ersten Kochversuche mit dem Mehl schwarzer Bohnen haben mich sehr überrascht, weil es kaum den typischen Nachgeschmack von Bohnenmehl hat. Ich probierte verschiedene Pastarezepte aus, aber die fertigen Nudeln schmeckten nicht die Bohne nach Bohne. Der milde, erdige Geschmack des Mehls macht es vielseitig: Ich verwende es für Nudeln, zum Backen und zum Andicken. Sehr gut schmeckt es auch in glutenfreien Brownie-Rezepten.

Am feinsten wird das Mehl, wenn Sie es in der Getreidemühle oder im Hochleistungsmixer herstellen und dann noch einmal sieben. Achten Sie darauf, dass in Ihrem Mahlgut keine Steinchen oder andere Verunreinigungen vorhanden sind, da dies das Mahlwerk beschädigen kann. Das ist vor allem bei schwarzen Bohnen wichtig, da Steine aufgrund der Farbe nicht sofort zu sehen sind.

Maßangaben

1 Tasse schwarze Bohnen = 180 g

1 Tasse Mehl schwarzer Bohnen = 120 g

1 Tasse (180 g) schwarze Bohnen = 1 ½ Tassen (180 g) Bohnenmehl

Schwarze-Bohnen-Spinat-Burger

Obwohl ich meine Curry-Burger (Seite 79) liebe, gelüstet es mich manchmal nach einem Burger, der sich besser mit anderen Gewürzen und Aromen verträgt. Diese Burger sind schnell zubereitet und die Sonnenblumenkerne machen sie knackig.

Ergibt 4 bis 6 Burger

1 Tasse (180 g) gekochte schwarze Bohnen (Dosenware abgießen und unter fließendem Wasser abspülen)

½ Tasse (80 g) Zwiebeln, in Würfel geschnitten

2 Esslöffel Olivenöl

2 Esslöffel Limettensaft, frisch gepresst

1½ Teelöffel geräuchertes Paprikapulver

1 großes Ei

½ Tasse (60 g) Sonnenblumenkerne (roh oder geröstet)

¾ Tasse (90 g) Mehl schwarzer Bohnen

1 Teelöffel Meersalz

2 Tassen (80 g) Spinatblätter

Den Backofen auf 190 °C vorheizen.

Bohnen, Zwiebeln, Olivenöl, Limettensaft, Paprika, Ei, Sonnenblumenkerne, Bohnenmehl und Salz in die Küchenmaschine geben und mit der Pulse-Taste gründlich vermengen. Spinat dazugeben und mit der Pulse-Taste einarbeiten, sodass der Teig schön bindet.

Mit nassen Händen aus dem Teig 4 bis 6 Bratlinge formen. Diese auf ein Backblech setzen und 10 Minuten im Backofen backen, bis sie fest geworden sind. Eine beschichtete Pfanne dünn einölen und die Burger darin auf mittlerer Flamme von jeder Seite 3 bis 4 Minuten braun und knusprig braten. Vom Essen übrig gebliebene Burger lassen sich gut einfrieren. Trennen Sie sie vorher mit Küchenpapier. Sie können die Burger direkt aus dem Gefrierschrank unter den Grill im Backofen legen.

Die Bohnenmischung sollte gut durchmengt sein, bevor Sie den Spinat dazugeben. Lassen Sie die Burgermasse nach der Zugabe des Spinats zu lange in der Küchenmaschine, werden Ihre Burger grasgrün.

Schwarze-Bohnen-Schleifen mit Maiskörner-Haschee

Dies ist einer meiner liebsten Nudelsalate – voller aromatischer Zutaten aus der Tex-Mex-Küche. Nudeln und schwarze Bohnen verschmelzen hier. Der Teig darf ruhig klebrig sein. Nehmen Sie dann einfach mehr Bohnenmehl zum Ausrollen.

Ergibt 4 Portionen

Für den Teig:

2 Tassen (240 g) Mehl schwarzer Bohnen

2 große Eier

3 Esslöffel Wasser

½ Teelöffel Meersalz

Für das Haschee:

1 Esslöffel Olivenöl

1 mittelgroße rote Zwiebel (160 g), fein geschnitten

1 kleine Jalapeño-Chilischote, fein geschnitten (Samen für mehr Schärfe aufbewahren)

Körner von 2 großen Maiskolben oder 2 Tassen (320 g) Tiefkühlmais, aufgetaut

½ Tasse (10 g) frisches Koriandergrün, plus ein bisschen mehr zum Bestreuen

3 Esslöffel Limettensaft, frisch gepresst

1 Esslöffel Honig

120 g Queso fresco (ersatzweise Ricotta)

1 Limette, in Spalten geschnitten

Für den Teig: Bohnenmehl auf einer sauberen Arbeitsfläche zu einem Kegel aufschütten. In die Mitte eine Vertiefung eindrücken und Eier hineinschlagen. Wasser und Salz dazugeben und alles mit einer Gabel vorsichtig verrühren. Eiermischung mit dem Mehl verrühren, dann den Teig mit den Händen weiterkneten. Mehr Mehl auf die Arbeitsfläche geben, wenn der Teig zu kleben beginnt. Sobald er weich ist und nicht mehr kleben bleibt, den Teig beiseitelegen und 10 Minuten ruhen lassen. Salzwasser zum Kochen aufsetzen und das Haschee zubereiten.

Für das Haschee: Olivenöl in einer großen Pfanne auf mittlerer Flamme erwärmen. Zwiebeln und Chilischoten darin 6 bis 8 Minuten braten, bis die Zwiebelwürfel glasig werden. Mais dazugeben und weitere 6 bis 8 Minuten braten, bis er braun wird. Koriandergrün, Limettensaft und Honig hinzugeben und noch 1 Minute weitergaren lassen.

Den Nudelteig in 2 Hälften teilen. Eine Hälfte auf einer gut bemehlten Arbeitsfläche zu einem etwa 5 Millimeter dicken Rechteck ausrollen. Mit einem Messer oder einem Teigrad in 2,5 x 4 Zentimeter große Rechtecke schneiden. Jedes Rechteck in der Mitte zusammendrücken, sodass es aussieht wie eine Herrenfliege. Immer mehrere Schleifen auf einmal ins kochende Wasser geben und etwa 4 bis 5 Minuten garen, bis sie an die Oberfläche steigen.

Sobald Nudeln und Mais fertig sind, beides in einer großen Schüssel vermischen. Mit Queso fresco und Koriandergrün bestreuen, mit ein wenig Limettensaft beträufeln und servieren.

Schwarze-Bohnen-Suppe mit griechischem Joghurt

Wenn ich im Restaurant esse, probiere ich fast immer die Suppen. Ich liebe Suppen, weil sie fast jede Kombination von Aromen und Gewürzen zulassen und letztlich wenig Arbeit machen. Obwohl schwarze Bohnen an sich keine besondere Delikatesse sind, wirken sie mit ein paar Gewürzen aufgepeppt höchst raffiniert.

Ergibt 2 Portionen

1 Esslöffel Olivenöl
½ Tasse (80 g) Zwiebeln, fein gehackt
1 Knoblauchzehe, fein gehackt
2 Teelöffel Kreuzkümmelpulver
1 Teelöffel Korianderpulver
¼ Tasse plus 2 Esslöffel (45 g) Mehl schwarzer Bohnen
3 Tassen (720 ml) Gemüsebrühe
1 Tasse (180 g) gekochte schwarze Bohnen (Dosenware abgießen und unter fließendem Wasser abspülen)
½ Tasse (110 g) griechischer Joghurt (10 % Fett)
2 bis 3 Schalotten, in feine Würfel geschnitten

Olivenöl in einer großen Kasserolle auf mittlerer Flamme erhitzen. Zwiebeln darin 6 bis 8 Minuten weich dünsten. Knoblauch, Kreuzkümmel und Koriander hinzugeben und 1 Minute garen lassen. Bohnenmehl über die Zwiebeln stäuben. Mit Gemüsebrühe aufgießen und gründlich verrühren. Die Suppe zum Kochen bringen, die Hitze reduzieren und die schwarzen Bohnen hinzufügen. Die Suppe 15 Minuten köcheln lassen, bis sie angedickt und der Geschmack des Bohnenmehls verflogen ist.

Die Suppe in kleine Schüsseln geben. Einen Klecks griechischen Joghurt daraufsetzen und mit Schalottenwürfeln bestreut servieren.

DICKE BOHNEN

Dicke Bohnen waren die ersten Bohnen, die ich frisch gegessen habe. Da ich ein neugieriger Mensch bin, habe ich einfach welche auf dem Markt gekauft, weil ich sie zwar des Öfteren getrocknet verzehrt hatte, aber eben noch nie als grüne, frische Bohnen. Ich befreite die Kerne aus ihrer harten grünen Schale, und sie erwiesen sich nach dem Garen als zart und buttrig. Daher kaufe ich im Sommer immer frische Bohnen, den Rest des Jahres greife ich auf die getrockneten Bohnenkerne zurück.

Dicke Bohnen – auch Ackerbohnen, Riesenbohnen, Saubohnen oder Puffbohnen genannt – gehören zu den Schmetterlingsblütlern. Ihre Kerne sind außergewöhnlich groß und flach. Die frischen Bohnen sind grün, die getrockneten gelbgrün. Dicke Bohnen finden bei einer mediterranen Ernährungsweise vielfach Verwendung, da sie eine ausgezeichnete Quelle für Proteine, Ballaststoffe, Vitamine und Mineralstoffe sind. Ihr mehliger Kern macht sie äußerst nahrhaft. Wie Kichererbsen eignen sich Dicke Bohnen auch für Hummus und Salate. Aber sie schmecken auch gut nur mit einer Portion Kräuterbutter.

Wenn Sie Dicke Bohnen kochen, um sie zu trocknen, achten Sie darauf, dass sie beim Garen nicht zu weich werden. Gerade wenn man sie über Nacht einweicht, werden sie schnell matschig. Lassen Sie das Einweichen weg, wenn Sie die Bohnen zum Trocknen garen, und kochen Sie sie nur 30 bis 40 Minuten. Sie finden Dicke Bohnen unter den verschiedenen, oben angegebenen Bezeichnungen im Supermarkt, im Naturkostladen und im Reformhaus.

Mehl von Dicken Bohnen

Das Mehl Dicker Bohnen hat einen intensiveren Geschmack als das anderer Bohnensorten. Sie können es mit Kichererbsenmehl mischen, wenn Sie ihn abmildern wollen. Ich verwende das Mehl nur in kleinen Mengen zum Backen oder dann, wenn ich weiß, dass eine gleich stark oder intensiver schmeckende Komponente im Rezept seinen Geschmack ausgleicht. Denn leider riecht das Mehl auch nicht besonders gut. Doch das sollte Sie nicht davon abhalten, es für Suppen und Dips zu verwenden.

Beim Mahlen wird die Größe der Dicken Bohnen manchmal zum Problem. Meist ist der Einfüllstutzen der Getreidemühle zu schmal. Manchmal lassen sich die Bohnen in der Mühle aber auch nicht zu feinem Mehl verarbeiten. In diesem Fall sollten Sie auf Ihren Hochleistungsmixer zurückgreifen oder auf die Kaffeemühle. Am besten mahlen Sie immer nur kleine Mengen und sieben das Mehl hinterher durch. Das Endresultat wird jedoch immer körnig wirken.

Maßangaben

1 Tasse Dicke Bohnen = 180 g
1 Tasse Mehl Dicker Bohnen = 120 g
1 Tasse (180 g) Dicke Bohnen = 1½ Tassen (180 g) Mehl Dicker Bohnen

Tomaten-Bohnen-Suppe

Ich habe rund zehn verschiedene Tomatensuppen in meinem Repertoire: Tomatencremesuppe, Suppe aus getrockneten Tomaten und diese hier, die ihre Cremigkeit durch das Mehl unserer Dicken Bohnen bekommt. In der Tomatensaison mache ich so viel Suppe wie möglich und friere sie ein: Dann bleibt mir das Aroma bis in den Herbst hinein erhalten.

Ergibt 3 bis 4 Portionen

- 2 Esslöffel Olivenöl
- 2 Knoblauchzehen, fein gehackt
- 900 g Eiertomaten, in Würfel geschnitten
- ½ Tasse (60 g) Mehl Dicker Bohnen
- 4 Tassen (960 ml) Gemüsebrühe
- 1 Esslöffel frischer Thymian
- 1 Esslöffel frischer Oregano
- 2 Teelöffel Vollrohrzucker
- ½ Teelöffel Meersalz
- ½ Teelöffel frisch gemahlener schwarzer Pfeffer
- geriebener Parmesan oder klein geschnittener Mozzarella zum Servieren (wahlweise)

Olivenöl in einem großen Topf auf mittlerer Flamme erhitzen. Knoblauch dazugeben und 1 Minuten braten. Tomaten hinzufügen und etwa 10 Minuten kochen, bis sie weich sind.

Bohnenmehl einrühren und 1 Minute weiterköcheln lassen. Mit Gemüsebrühe aufgießen, Thymian, Oregano, Zucker, Salz und Pfeffer hinzugeben und weitere 15 Minuten köcheln lassen. Vom Herd nehmen und mit dem Stabmixer glatt pürieren.

Wahlweise vor dem Servieren mit Käse bestreuen.

Käse-Bohnen-Dip

Mindestens einmal in der Woche haben wir keine Lust zu kochen.
Dann gibt es schnelle Küche, was gewöhnlich so aussieht: eine Ladung Tortilla-Chips
mit Gemüse, Avocados, Salsa und natürlich Nacho-Käse.
Die cremigen Dicken Bohnen ergeben eine köstliche Käsecreme.

Ergibt etwa 1 Tasse (330 Gramm)

¼ Tasse (30 g) Mehl Dicker Bohnen
1 bis 1¼ Tassen (240 bis 300 ml) Wasser
1 kleine Knoblauchzehe, fein gehackt
½ Tasse (50 g) Cheddarkäse, gerieben
2 Esslöffel frisches Koriandergrün, fein gehackt
½ Teelöffel geräuchertes Paprikapulver
¼ Teelöffel Meersalz
¼ Teelöffel frisch gemahlener schwarzer Pfeffer

Bohnenmehl, Wasser und Knoblauch in einer mittelgroßen Kasserolle auf niedriger Flamme verrühren und 4 bis 5 Minuten quellen lassen, bis sich der intensive Bohnengeschmack etwas gelegt hat. Den Topf vom Herd nehmen, Käse und Koriandergrün unterrühren. Wenn der Dip zu dick ausfällt, noch einmal auf die Herdplatte setzen und esslöffelweise Wasser hinzugeben, bis die gewünschte Beschaffenheit erreicht ist. Paprika, Salz und Pfeffer unterrühren.

Möhren-Ingwer-Suppe

Dicke Suppen sind fast immer herzhaft im Geschmack. Diese hier ist eine etwas leichtere Version. Möhren, Ingwer und Kokosmilch verleihen ihr ein erfrischendes Aroma. Das Bohnenmehl hingegen macht sie nahrhaft und cremig.

Ergibt 2 Portionen

2 Tassen (240 g) Möhren, in 5 mm dicke Scheiben geschnitten
½ mittelgroße Zwiebel (80 g), in Ringe geschnitten
1 Esslöffel Olivenöl
2½ Tassen (600 ml) Wasser
1 Esslöffel Tamari-Sojasauce
1 Esslöffel frischer Ingwer, fein gehackt
¼ Tasse (30 g) Mehl Dicker Bohnen
¼ Tasse (60 ml) Kokosmilch aus der Dose
2 bis 3 Esslöffel Kürbiskerne, geröstet

Den Backofen auf 200 °C vorheizen. Ein Backblech dünn einölen.

Möhren und Zwiebeln mit Olivenöl in einer mittelgroßen Schüssel vermengen. In einer Lage auf das Backblech streichen und 20 bis 25 Minuten im Backofen backen, bis die Möhren weich sind.

Wasser, Tamari und Ingwer in einer Kasserolle verrühren, zum Kochen bringen, die Hitze reduzieren und 5 Minuten köcheln lassen. Bohnenmehl einrühren und weitere 4 Minuten kochen, dabei häufig umrühren.

Die Möhren-Zwiebel-Masse hinzugeben und 5 Minuten kochen, bis die Möhren sehr weich sind. Vom Herd nehmen und mit dem Stabmixer pürieren. Wenn Sie die Suppe glatt haben wollen, einmal durch ein Sieb streichen.

Die Suppe in Schalen geben. Mit einem dünnen Strahl Kokosmilch verzieren und mit Kürbiskernen bestreut servieren.

SPALTERBSEN

Ich schäme mich ja fast, es zuzugeben, aber es gab eine Zeit, da habe ich Spalterbsen gekauft, nur damit sie dann zu Hause in einem Glasbehälter unbenutzt ihr Dasein fristeten. Ich fand die Farbe immer toll. Das helle Grün und Gelb stachen unter dem Braun und Beige der Bohnensorten immer hervor. Irgendwann fing ich an, sie anstelle von Linsen in Salate zu geben. Als ich zum ersten Mal aus Hülsenfrüchten Mehl machte, griff ich sofort nach den Spalterbsen, weil ich dachte, grünes oder gelbes Mehl müsse doch optisch interessante Gerichte geben.

Spalterbsen sind genau das, was der Name sagt: Die ganzen Erbsen wurden getrocknet und zerfallen beim Schälen manchmal in zwei Hälften. Beim Schälen wird die nicht essbare äußere Hülle entfernt, wobei die Erbsen mit ihrer intensiven grünen oder gelben Farbe zum Vorschein kommen. Frische und getrocknete Erbsen unterscheiden sich geschmacklich. Frische Erbsen schmecken süßer, getrocknete erdiger und konzentrierter.

Die Erbse stammt ursprünglich aus Kleinasien und breitete sich von dort nach Europa aus. Man nimmt an, dass man früher mehr Trockenerbsen als die frische Form verzehrt hat. Erbsen stecken voller Proteine und Ballaststoffe, haben aber einen geringen Fettanteil, was sie zu einer beliebten Zutat der vegetarischen Küche macht.

Spalterbsen finden Sie sowohl im Supermarkt als auch in Naturkostläden und Reformhäusern. Es gibt Erbsen natürlich auch im Ganzen, sie haben nur eine deutlich längere Garzeit. Ich schätze sie besonders für Suppen und in Currygerichten. Sie müssen Spalterbsen nicht einweichen, da sie vergleichsweise schnell gar sind.

Erbsenmehl

Gelbe und grüne Erbsen haben einen milden Geschmack. Sobald das Mehl durchgegart ist, tritt das erdige Aroma nicht mehr hervor. Wenn Sie das Mehl zum Binden verwenden, sollten Sie die Hitze entsprechend reduzieren, denn das Mehl muss ausquellen, damit es den intensiven Geschmack verliert. Ich persönlich schätze die verschiedenen Farben beim Kochen sehr, aber geschmacklich sind gelbe und grüne Erbsen nicht voneinander zu unterscheiden.

Spalterbsen bzw. ganze Erbsen lassen sich gut in der Getreidemühle mahlen, aber auch im Hochleistungsmixer oder in der Kaffeemühle. Achten Sie darauf, dass im Mahlgut keine Fremdkörper (Steinchen oder Schalenreste) vorhanden sind. Vor der Verwendung sollten Sie das Mehl durchsieben, um grobe Bestandteile herauszufiltern.

Maßangaben

1 Tasse Spalterbsen = 210 g

1 Tasse Spalterbsenmehl = 140 g

1 Tasse (210 g) Spalterbsen = 1 ½ Tassen (210 g) Spalterbsenmehl

Würzige Erbsensuppe

Natürlich sind ganze grüne Erbsen eine wunderbare Suppengrundlage, doch bei dieser schnellen Suppe aus Erbsenmehl müssen Sie nichts pürieren. Wenn Sie keinen Mörser haben, können Sie statt der Gewürzsamen auch Pulver verwenden. Reduzieren Sie dann zunächst die angegebene Menge der Gewürze und würzen Sie bei Bedarf nach.

Ergibt 2 Portionen

1½ Teelöffel Kreuzkümmelsamen
½ Teelöffel Bockshornkleesamen
½ Teelöffel Kurkumapulver
4½ Tassen (1080 ml) Gemüsebrühe
½ Tasse (70 g) Erbsenmehl
vollfette Kokosmilch zum Beträufeln
Limettensaft, frisch gepresst, zum Beträufeln (wahlweise)

Kreuzkümmel- und Bockshornkleesamen in einer trockenen Pfanne 4 bis 5 Minuten rösten, bis die Gewürze zu duften beginnen. Die Samen in einen Mörser geben und fein zerstampfen. Die Gewürze mit Kurkuma in einer Tasse vermischen.

Gemüsebrühe, Erbsenmehl und Gewürze in einem großen Topf mit einem Schneebesen verrühren und zum Kochen bringen. Dann die Hitze reduzieren. Die Suppe 10 bis 15 Minuten kochen lassen, bis sie andickt und der Mehlgeschmack sich gelegt hat. Die Suppe in Schalen geben und mit einem dünnen Strahl Kokosmilch bzw. Limettensaft beträufeln.

Erbsen-Zucchini-Puffer mit Joghurt-Dill-Dip

In meinem Blog fragen mich Interessenten immer wieder, was sie mit dem Gemüse in ihrem Garten anfangen sollen. Bei Zucchini kommt die Frage besonders häufig. Dieses grüne Gemüse verdoppelt seine Größe ja manchmal innerhalb eines einzigen Tages. Und man kann schließlich nicht ständig Zucchinibrot essen. Diese Puffer geben ein knuspriges sommerliches Abendessen ab.

Ergibt 16 bis 20 Puffer

Für die Puffer:

1 mittelgroße Zucchini (etwa 450 g)

1 Esslöffel abgeriebene Schale von 1 Bio-Zitrone

1 Esslöffel Zitronensaft, frisch gepresst

1 Knoblauchzehe, fein gehackt

½ Teelöffel Meersalz

¼ Teelöffel frisch gemahlener schwarzer Pfeffer

2 große Eier, leicht verschlagen

½ Tasse (70 g) grünes Erbsenmehl

½ Tasse (20 g) Parmesan, gerieben

1 Esslöffel frischer Dill

2 bis 4 Esslöffel Olivenöl

Für den Dip:

½ Tasse (110 g) griechischer Joghurt (10 % Fett)

1 Esslöffel frischer Dill, fein gehackt

2 Esslöffel Honig

1 Esslöffel Zitronensaft, frisch gepresst

Für die Puffer: Die Enden der Zucchini abschneiden, den Rest grob raspeln. Zucchiniraspel in eine Schüssel geben, mit Zitronenschale, -saft, Knoblauch, Salz und Pfeffer vermischen. Verschlagene Eier über die Zucchini gießen. Erbsenmehl, Parmesan und Dill dazugeben und gründlich vermengen.

2 Esslöffel Olivenöl in einer hohen Pfanne auf mittlerer Flamme erhitzen. Die Zucchinimischung mit einem Saucenlöffel (je 45 Gramm) portionieren und in die Pfanne geben. Die Puffer mit dem Löffel etwas flach drücken, von jeder Seite 4 bis 5 Minuten knusprig braun braten und auf Küchenpapier abtropfen lassen. Wenn nötig noch 1 bis 2 Esslöffel Olivenöl in die Pfanne geben, bevor Sie die jeweils nächste Portion braten.

Für den Dip: Joghurt, Dill, Honig und Zitronensaft in einer kleinen Schüssel verrühren. Zu den heißen Erbsen-Zucchini-Puffern reichen.

Da Sie Erbsenmehl verwenden, ist es wichtig, die Puffer langsam auf niedriger Flamme zu garen, damit der Mehlgeschmack verfliegt. Bitte stellen Sie nicht vor lauter Ungeduld die Hitze höher – das macht geschmacklich einen enormen Unterschied.

Maisplätzchen mit Spinat-Koriander-Sauce

Diese Maisplätzchen sind echtes Sommer-Food und schmecken am besten zu grünem Salat und reifen Tomaten. Manchmal bereite ich eine größere Menge Teig zu und brate die eine Hälfte sofort, die andere einen Tag später. Für etwas mehr Schärfe geben Sie ein paar zerdrückte rote Pfefferkörner mit in den Teig.

Ergibt 2 bis 3 Portionen

Für die Maisplätzchen:

2 Esslöffel Olivenöl

¼ Tasse (40 g) rote Zwiebeln, fein gehackt

Körner von 2 mittelgroßen Maiskolben oder 1¾ Tassen (300 g) Tiefkühlmais, aufgetaut

¼ bis ½ Tasse (35 bis 70 g) gelbes Erbsenmehl

¼ Tasse (5 g) frisches Koriandergrün, fein gehackt

¼ Teelöffel Backpulver

1 Eigelb

1 Esslöffel Honig

1 Esslöffel Limettensaft, frisch gepresst

¼ Teelöffel Meersalz

Für die Sauce:

½ Tasse (20 g) Spinatblätter

¼ Tasse (5 g) frisches Koriandergrün

1 Knoblauchzehe, geschält

1 Esslöffel Olivenöl

1 Esslöffel Limettensaft, frisch gepresst

1 Esslöffel Wasser

2 Teelöffel Honig

¼ Teelöffel Meersalz

Für die Maisplätzchen: 1 Esslöffel Olivenöl in einer großen Pfanne auf mittlerer Flamme erhitzen. Zwiebeln dazugeben und 6 bis 7 Minuten weich dünsten. Mais dazugeben und 6 Minuten weich kochen. Die Pfanne vom Herd nehmen, die Mischung in eine Schüssel geben und die Pfanne auswischen. ¼ Tasse (35 Gramm) Erbsenmehl, Koriandergrün, Backpulver, Eigelb, Honig, Limettensaft und Salz zur Maismischung hinzufügen und gut einarbeiten. Mehr Mehl hinzufügen, bis die Mischung zusammenhält, aber noch vergleichsweise feucht ist.

Das restliche Olivenöl in der ausgewischten Pfanne auf mittlerer Flamme erhitzen. Ein Sechstel des Teiges mit einem Schöpflöffel hineingeben und flach drücken, sodass die Plätzchen etwa 2,5 Zentimeter dick sind. Die Plätzchen von jeder Seite 5 bis 6 Minuten schön braun braten.

Für die Sauce: Spinat, Koriandergrün, Knoblauch, Olivenöl, Limettensaft, Wasser, Honig und Salz in der Küchenmaschine zu einer glatten Sauce pürieren. Die Maisplätzchen damit servieren.

WEISSE BOHNEN

Bevor ich anfing, in meiner Küche massenhaft Getreide, Nüsse und Bohnen zu horten, gelangten weiße Bohnen nur dann in meinen Gesichtskreis, wenn ich überbackene Bohnen aß. Und das war nicht allzu oft, denn überbackene Bohnen sind nicht unbedingt meine Leibspeise. In meiner Küche bevorzugte ich Kichererbsen, weil die besser zu meinen Rezepten passten. Dachte ich. Aber da hatte ich mich gründlich geirrt. Weiße Bohnen passen mit ihrem feinen Geschmack hervorragend zu allen Gerichten, in denen sich Bohnen den Aromen von Kräutern, Gewürzen und Gemüsen unterordnen sollen. Weiße Bohnen sind als Hauptgericht ebenso lecker wie als Zutat zu Eintöpfen, Suppen und Salaten.

„Weiße Bohnen" ist ohnehin ein Sammelbegriff für alle möglichen weißen bis cremefarbenen Sorten, die kleiner sind als Dicke Bohnen. Zu den besten gehören die Cannellini-Bohnen aus der Toskana, die sich durch ihr besonders glattes Fleisch auszeichnen. Ursprünglich stammt diese Bohnenart aus Südamerika, die ältesten Funde kommen aus Peru. Von dort breitete sie sich über ganz Süd- und Mittelamerika aus, bis sie schließlich auch nach Europa gelangte. Andere Sorten kommen aus dem Nahen Osten. Alle Sorten weisen ungefähr die gleiche Nährwertzusammensetzung auf, enthalten viele Proteine und Ballaststoffe. Manche Sorten sind mehliger als andere. Alle sollten vor dem Kochen 8 bis 12 Stunden eingeweicht werden. Die größeren Sorten haben eine Garzeit von etwa 2 Stunden, für die kleineren genügt etwa 1 Stunde.

Weiße Bohnen: Sie sind von durchschnittlicher Größe, haben einen milden Geschmack und behalten beim Kochen weitgehend die Form. Normale weiße Bohnen sind die Grundlage für die zahlreichen Bohneneintöpfe, die wir zum Beispiel aus der Tex-Mex-Küche kennen.

Limabohnen: Diese Bohne ist vergleichsweise groß und hat nach dem Kochen ein ausgesprochen mehliges Fleisch. Trotzdem darf sie nicht mit der Dicken Bohne oder Riesenbohne verwechselt werden, denn das ist eine andere Art. Die Limabohne hält ihre Form nicht so gut, wenn sie gekocht wird. Sie wird schnell weich. Zudem schmeckt sie deutlich erdiger als zum Beispiel Cannellini-Bohnen.

Cannellini-Bohnen: Diese kleinen nierenförmigen Bohnen haben ein sehr festes, glattes Fleisch, werden aber schnell weich. Die Garzeit beträgt etwa 45 Minuten. Cannellini-Bohnen stammen aus der Toskana und werden dort vorzugsweise für würzige Suppen verwendet, aber auch mit Thunfisch, Zwiebeln, Salz und Oliven zu einer regionaltypischen Vorspeise verarbeitet: Tonno e fagioli.

Weiße Spello-Bohnen: Dies ist die kleinste weiße Sorte und kommt aus Umbrien, wo sie wegen ihres milden Geschmacks und ihrer geringen Kochzeit von etwa 30 Minuten sehr beliebt ist. Sie wird vorzugsweise in Eintöpfen verwendet, aber auch nur gekocht mit etwas Olivenöl und Knoblauch als Vorspeise gegessen.

Normale weiße Bohnen finden Sie in jedem Supermarkt, aber auch in Naturkostläden und Reformhäusern. Für die feineren Sorten (Cannellini- oder Spello-Bohnen) müssen Sie eventuell einen Feinkosthändler bemühen. Aus weißen Bohnen lässt sich ein vorzügliches Hummus herstellen.

Mehl von weißen Bohnen

Dieses Mehl gibt cremigen Suppen und dicken Saucen einen feinen Geschmack, der andere Aromen nicht stört oder überlagert. Deshalb eignet es sich auch prima für glutenfreie Backwaren. Es verbindet sich gut mit anderen Mehlen und sorgt für eine saftige Konsistenz.

Am besten sind letztlich die kleineren Sorten. Cannellini- oder Limabohnen sind für eine normale Getreidemühle zu groß und sollten nur im Hochleistungsmixer gemahlen werden. Kleine Mengen können Sie auch in der Kaffeemühle mahlen. Achtung: Sorten mit intensivem Eigengeschmack schmecken in Mehlmischungen stark durch, was im Rezept berücksichtigt werden muss.

Maßangaben

1 Tasse weiße Bohnen = 180 g (kann je nach Sorte abweichen)

1 Tasse Mehl weißer Bohnen = 120 g

1 Tasse (180 g) weiße Bohnen = 1½ Tassen (180 g) Bohnenmehl

Brokkoli-Käse-Suppe

Ich liebe Käse, vor allem in Kombination mit Gemüse. Diese Brokkoli-Cheddar-Suppe habe ich zum ersten Mal im Restaurant gegessen und hinterher alles darangesetzt, sie nachzukochen. Ich habe zwar verschiedene Rezepte dafür aufgetrieben, doch dieses mit den cremigen weißen Bohnen ist meine Lieblingsversion.

Ergibt 2 Portionen

1 Esslöffel Olivenöl
1 kleine Zwiebel (80 g), fein gehackt
1 Schalotte, fein gehackt
2½ Tassen (600 ml) Gemüsebrühe
2 Esslöffel Mehl weißer Bohnen
2 Tassen (180 bis 200 g) Brokkoliröschen, in etwa 1 Zentimeter dicke Scheiben geschnitten
1½ Tassen (150 g) gereifter Cheddar, gerieben, plus ein bisschen mehr zum Bestreuen

Olivenöl in einer Kasserolle auf mittlerer Flamme erhitzen. Zwiebeln und Schalotten hinzugeben und 6 bis 8 Minuten glasig dünsten.

Mit Gemüsebrühe aufgießen, das Bohnenmehl mit einem Schneebesen einrühren, bis keine Klümpchen mehr zu sehen sind. Die Suppe zum Kochen bringen und die Hitze reduzieren. Brokkoliröschen dazugeben und 10 bis 15 Minuten kochen.

Die Kasserolle vom Herd nehmen und die Suppe mit dem Stabmixer pürieren. Den Topf wieder auf den Herd stellen, Käse hinzugeben und umrühren, bis er ganz geschmolzen ist. Wenn nötig, die Hitze noch einmal aufdrehen.

Die Suppe in Schalen füllen, mit Käse bestreuen und servieren.

Hummus mit weissen Bohnen

Hummusrezepte gibt es zu Tausenden. Wenn das Kichererbsenpüree besonders weich werden soll, müssen Sie die weißen Schalen der Kichererbsen vor dem Pürieren entfernen. Dasselbe gilt auch für Bohnen. Doch wenn Sie gleich Bohnenmehl anstelle von ganzen Bohnenkernen verwenden, können Sie sich diesen Arbeitsgang sparen.

Ergibt 3 Tassen (etwa 650 Gramm)

½ Tasse (60 g) Mehl weißer Bohnen
2 Tassen (480 ml) Wasser
1 Knoblauchzehe, fein gehackt
¼ Tasse (40 g) Tahin
3 Esslöffel Zitronensaft, frisch gepresst
3 Esslöffel Olivenöl
½ Teelöffel Meersalz

Bohnenmehl in einer mittelgroßen Kasserolle mit einem Schneebesen ins Wasser einrühren. Auf mittlerer Flamme erwärmen und ausquellen lassen, dabei ständig mit dem Schneebesen umrühren. Die Mischung 6 bis 8 Minuten köcheln lassen, bis keine Klümpchen mehr vorhanden sind und der Mehlgeschmack nachlässt.

Die Mischung in die Küchenmaschine oder den Mixer geben. Knoblauch, Tahin, Zitronensaft, Olivenöl und Salz dazugeben und mit der Pulse-Taste zu einer einheitlichen Masse verarbeiten. Wenn diese zu dick wird, je nach Geschmack etwas mehr Wasser, Zitronensaft oder Olivenöl hinzugeben.

Dieses Hummus hat eine andere Beschaffenheit als die traditionelle Variante, aber ich finde, es steht ihr geschmacklich in nichts nach und ist leichter glatt zu bekommen als die klassische Variante.

Penne al Gorgonzola

Wir sind keine großen Milchtrinker, daher hat dieses Nahrungsmittel bei mir zu Hause Seltenheitswert. Wenn ich also Penne mit Käse machen will, kann ich die Milch für die Käsesauce durch weißes Bohnenmehl ersetzen.

Ergibt 4 Portionen

225 g Penne oder Schleifennudeln
2 l Salzwasser
¼ Tasse (30 g) Mehl weißer Bohnen
½ Teelöffel Meersalz
2 Tassen (480 ml) Wasser
85 g Gorgonzola
2 Teelöffel Zitronensaft, frisch gepresst
½ Tasse (20 g) Parmesan, gerieben
½ Tasse (60 g) Weißbrotwürfel (wahlweise)

Den Backofen auf 190 °C vorheizen.

Salzwasser in einem mittelgroßen Topf aufsetzen und zum Kochen bringen. Die Nudeln darin al dente kochen. Abgießen und beiseitestellen.

Den Topf erneut auf den Herd stellen. Bohnenmehl und Salz mit einem Schneebesen in 480 Milliliter Wasser einrühren, bis keine Klümpchen mehr zu sehen sind. Die Mischung zum Kochen bringen, die Hitze reduzieren und die Mischung 6 bis 8 Minuten köcheln lassen, bis sie andickt und der Mehlgeschmack sich legt.

Den Topf vom Herd nehmen. Gorgonzola und Zitronensaft einrühren und 1 bis 2 Minuten ruhen lassen, damit der Käse schmilzt. Dann nochmals umrühren, damit der Käse sich ganz mit der Sauce verbindet.

Die Nudeln in eine gefettete Auflaufform geben und die Käsesauce darübergießen. Mit Parmesan und Weißbrotwürfeln bestreuen. Den Auflauf 25 bis 30 Minuten im Backofen backen, bis die Käsesauce Blasen wirft und der Auflauf oben leicht gebräunt ist.

Wenn Sie keinen Gorgonzola mögen, können Sie stattdessen auch einen gut gereiften Cheddar oder einen mittelalten Gouda verwenden.

Kapitel 5

Nahrhafte Nüsse und Samen

Mehl aus Nüssen und Samen ist als Ersatz für Getreidemehle recht neu. Nussschrot und -mehl gerieten vor allem im Rahmen der Paleo-Diät in den Blickpunkt, da man hier völlig auf Getreide und Hülsenfrüchte verzichtet. Auch ich verwende die Mehle von Nüssen und Samen, doch nicht weil ich eine Anhängerin der Paleo-Diät bin, sondern um damit glutenfreie Backwaren zuzubereiten. Ich schätze Nussmehle sehr, muss jedoch zugeben, dass Gebäck aus Nussmehl ziemlich schwer ist. Nur der Zitronen-Pistazien-Kuchen (Seite 197) eignet sich bestens für festliche Anlässe, da das süße, nussige Aroma der Pistazien perfekt zur Frische der Zitrone passt.

Die meisten Samen sind bei Zimmertemperatur gut haltbar, Nüsse allerdings sollten Sie im Kühlschrank aufbewahren. Abgepackte gemahlene Nüsse sind meist alt und schmecken leicht ranzig. Außerdem hat sich in jüngeren Untersuchungen herausgestellt, dass sie häufig mit Aflatoxinen belastet sind, auch wenn es sich um Bio-Ware handelt. Ich würde Ihnen wirklich dringend empfehlen, nur ganze Nüsse zu kaufen und sie selbst zu mahlen.

Nüsse und Samen lassen sich ausgezeichnet zu köstlichem Mus vermahlen. Der hohe Fettgehalt, der Nussbutter so wunderbar cremig macht, wird bei der Herstellung von Nussmehl allerdings leicht zum Problem, da das Nussmehl nur zu schnell zum Mus wird. Mahlen Sie Nüsse in der Küchenmaschine oder Kaffeemühle stets in kleinen Mengen und mit einigen wenigen kurzen Stößen der Pulse-Taste.

Natürlich können Sie Nussmuse auch fertig kaufen. Leider werden viele Nüsse bei hohen Temperaturen geröstet, sodass ein an sich rohköstliches Lebensmittel, in dem fast alle Vitalstoffe erhalten sind, letztlich doch seine Nährstoffe verliert. Achten Sie daher genau auf die Deklaration auf der Packung und bevorzugen Sie ungeröstete Ware. Fertige Nussmehle werden häufig aus teilentölten Nüssen hergestellt und sind daher auch nicht unbedingt für eine naturbelassene Ernährung geeignet.

Eine weitere Köstlichkeit ist Nussmilch. Es gibt zahllose Rezepte für Nuss- bzw. Mandelmilch online. Im Grunde müssen Sie dazu nur Nüsse in Wasser einweichen, in den Mixer geben und abseihen. Die verbleibende Nussmasse können Sie im Backofen 2 bis 3 Stunden bei etwa 100 °C trocknen und dann zu Nussmehl vermahlen.

LEINSAMEN

In meiner Jugendzeit, als ich mich noch von Fast Food ernährte, beschwor der Begriff Leinsamen in mir das Bild eines allzu gesunden Lebensmittels herauf, mit dem ich nichts zu tun haben wollte. Erst als ich vegan backen lernte, erfuhr ich, dass Leinsamen mit Wasser ein wunderbarer Ei-Ersatz sein kann. Ich entdeckte, dass der nährstoffreiche Leinsamen einen süßen, erdigen Geschmack hat. Und bald gab es kein Granola, keinen Muffin und kein Brot mehr, das meine Küche ohne Leinsamen verließ.

Leinsamen sind die weltweit verbreiteten Samen des Flachses (*Linum usitatissimum*). Aus Leinsamen wird Leinöl gewonnen, das sowohl in der Küche als auch in der Hausapotheke vielfach Verwendung findet. Außerdem wird es für Anstriche, Seifen und Möbelöl gebraucht.

In der menschlichen Ernährung spielt der Leinsamen vor allem wegen seines hohen Gehalts an Omega-3-Fettsäuren und Ballaststoffen eine Rolle. Beide unterstützen wichtige Körperfunktionen. Allerdings muss Leinsamen geschrotet werden, wenn Sie von seinem Vitalstoffreichtum profitieren wollen.

Leinsamen gibt es in zwei Varianten: mit gelber und mit brauner Schale. Vorsicht vor weißen oder schwarzen Leinsamen! Diese wurden entweder zu früh oder zu spät geerntet. Das Nährstoffprofil der gelben und der braunen Sorte ist gleich. Sie können beide abgepackt in Naturkostläden oder Reformhäusern in Bio-Qualität kaufen. Schwangere sollten beim Leinsamen allerdings vorsichtig sein. In größeren Mengen verzehrt scheint Leinsamen das Risiko für Frühgeburten zu erhöhen.

Leinsamenschrot

Schroten lässt sich Leinsamen am besten im Hochleistungsmixer oder in der Kaffeemühle. Für die Getreidemühle sind die Samen zu ölig, für die Küchenmaschine zu fein. Was die Farbe angeht, bin ich nicht besonders wählerisch. Ich nehme die Sorte, die mein Lebensmittelhändler gerade vorrätig hat. Schließlich enthalten beide Sorten die gleichen Nährstoffe und lassen sich gleichermaßen gut schroten. Gelber Leinsamen schmeckt ein wenig nussiger und süßer, brauner hingegen deutlich milder.

Fertig geschroteter Leinsamen wird zwar häufig angeboten, doch davon lasse ich grundsätzlich die Finger. Geschroteter Leinsamen wird schon nach einer Woche ranzig und verliert dann einiges an Nährstoffen. Wenn ich beim Backen bzw. Kochen mit Leinsamen etwas von der geschroteten Köstlichkeit übrig habe, bewahre ich den Rest im Kühlschrank auf und mache vor der Weiterverwertung die Schnupperprobe. Riecht er fischig, werfen Sie den Leinsamen besser weg.

Geschroteter Leinsamen quillt in Flüssigkeiten rasch auf und lässt Brei oder Müsli schnell schleimig wirken. Mich stört das nicht, doch wenn Sie an die Verwendung von Leinsamenschrot nicht gewöhnt sind, kann die Beschaffenheit erst einmal befremdlich wirken. Denken Sie daran: Das ist völlig normal.

Maßangaben

1 Tasse Leinsamen = 150 g

1 Tasse Leinsamenschrot = 100 g

1 Tasse (150 g) Leinsamen = 1 ½ Tassen (150 g) Leinsamenschrot

Frühlingsrollen mit Avocado im Leinsamenmantel

Ich bin ein Frühlingsrollen-Fan, vor allem in den Sommermonaten, wenn es viel frisches Gemüse gibt. Meist nehme ich dafür rohes Gemüse, aber hin und wieder grille oder backe ich es auch. Die Leinsamenkruste verstärkt das Aroma der Avocado und sieht darüber hinaus lustig aus.

Ergibt 8 Frühlingsrollen

2 gerade reife Avocados, entsteint und halbiert
1 Tasse (100 g) Leinsamenschrot
1 Esslöffel Sesamöl
5 Tassen (350 g) Rotkohl, fein geschnitten
1 große rote Paprika (300 g), in dünne Streifen geschnitten
¼ Tasse (5 g) frisches Koriandergrün
3 Esslöffel Limettensaft, frisch gepresst
1 Esslöffel Honig
8 Frühlingsrollenblätter aus Reispapier
Sojasauce zum Servieren

Die Avocadohälften mit einem Löffel vorsichtig aus der Schale heben und auf ein Schneidbrett setzen. Jede Hälfte in etwa 5 Millimeter dicke Streifen schneiden. Die Avocadostreifen in Leinsamenschrot wenden, sodass sie von allen Seiten schön bedeckt sind.

Sesamöl in einer großen Pfanne auf mittlerer Flamme erhitzen. Die Avocadostreifen darin von allen Seiten 1 bis 2 Minuten goldbraun braten.

In der Zwischenzeit Rotkohl, Paprikastreifen und Koriandergrün in einer großen Schüssel vermischen. Limettensaft und Honig in einer Tasse mit einem Schneebesen verrühren. Die Mischung über das Gemüse gießen und unterheben, bis die Gemüsestreifen bedeckt sind.

Avocados, Gemüsestreifen, Frühlingsrollenblätter und einen Teller mit heißem Wasser in Griffweite um ein Schneidbrett herum platzieren.

Jedes Frühlingsrollenblatt 10 bis 15 Sekunden im heißen Wasser einweichen. Das Blatt sollte problemlos zu rollen sein, aber nicht so weich, dass Sie es kaum aus dem Wasser bekommen. Das Blatt auf das Schneidbrett legen. (Bei quadratischen Blättern so, dass eine Spitze zu Ihnen zeigt.) Etwa ⅓ Tasse (70 Gramm) der Kohlmischung auf die untere Hälfte des Blattes geben und 2 bis 3 Avocadostreifen darüberlegen. Das Blatt einrollen, dabei die Ränder einschlagen. Die Frühlingsrolle beiseitestellen und die Prozedur mit den restlichen Blättern wiederholen.

Die Frühlingsrollen in der Mitte durchschneiden und mit Sojasauce servieren.

Mini-Spinatquiches mit Leinsamenteig

Quiche gibt es bei uns mittlerweile schon bei fast jeder Familienfeier. Anfangs war die Quiche nur ein herzhaftes vegetarisches Gericht unter anderen, doch mit der Zeit ist daraus eine richtige Tradition geworden. Wenn ich Leute zum Frühstücksbuffet einlade, biete ich auch immer Quiche an. Mit Leinsamen wird der Teig knuspriger.

Ergibt 6 Mini-Quiches

Für den Teig:

1¼ Tassen (125 g) feiner Leinsamenschrot

Eiweiß von 1 großen Ei

1 Esslöffel Olivenöl

1 Teelöffel Honig

Für die Füllung:

4 große Eier

1½ Tassen (360 ml) fettarme Milch oder Vollmilch

½ Teelöffel Knoblauchpulver

¼ Teelöffel Meersalz

¼ Teelöffel frisch gemahlener schwarzer Pfeffer

1½ Tassen (60 g) Spinat, grob geschnitten

¾ Tasse (70 g) Fontinakäse, gerieben (ersatzweise junger Gouda oder Edamer)

Den Backofen auf 190 °C vorheizen. Eine Muffinform für 6 Muffins einölen oder mit Papierbackförmchen auskleiden.

Für den Teig: Leinsamenschrot, Eiweiß, Olivenöl und Honig in einer mittelgroßen Schüssel verrühren. Die Mischung zu gleichen Teilen in die Papierbackförmchen geben und gut andrücken. Den Teig 15 bis 18 Minuten im Backofen backen, bis er goldbraun ist. Leicht abkühlen lassen.

Für die Füllung: Eier, Milch, Knoblauchpulver, Salz und Pfeffer verrühren. Spinat in die abgekühlten Teigschalen geben. Je etwa 2 Esslöffel Käse über den Spinat streuen und die Eiermischung darübergießen.

Die Form wieder in den Backofen schieben und die Quiches weitere 20 bis 25 Minuten backen, bis die Eiermasse gestockt ist. Sofort servieren.

Da diese Teigschalen leicht brechen, ist es besser, sie nur für kleine Förmchen zu verwenden. Sie können diese Quiche auch in einer runden Form von 23 Zentimetern Durchmesser backen, aber es könnte sich als schwierig erweisen, davon ganze Stücke abzuschneiden.

Leinsamen-Porridge mit Pfirsichen

In den kühlen Monaten mache ich schon morgens einen schönen Spaziergang, um mir danach bei einer dampfenden Tasse Kaffee einen Teller herzhaften Porridge einzuverleiben. Dafür verwende ich die unterschiedlichsten Mischungen aus Getreide und Samen. Der Leinsamen lässt diesen Brei so richtig flutschen. Nichtsdestotrotz ist er lecker und nahrhaft.

Ergibt 2 Portionen

¼ Tasse (25 g) Leinsamenschrot

1 bis 1½ Tassen (240 bis 360 ml) fettarme Milch oder Vollmilch

2 reife Pfirsiche, in Scheiben geschnitten

2 Esslöffel Honig

1 Esslöffel (15 g) Butter

Leinsamen mit 240 Millilitern Milch in einer mittelgroßen Kasserolle verrühren. Zum Kochen bringen, die Hitze reduzieren und den Brei unter Rühren 4 bis 5 Minuten köcheln lassen, bis er dick wird. Wenn gewünscht, mehr Milch hinzugeben.

In der Zwischenzeit Pfirsiche mit Honig und Butter in einer Pfanne 3 bis 4 Minuten weich garen. Die Pfirsichscheiben dekorativ auf dem Brei anrichten und servieren.

Statt den Brei ganz aus Leinsamen zuzubereiten, gebe ich manchmal nur 1 bis 2 Esslöffel Leinsamenschrot zu anderem Getreide, zum Beispiel zu Hirse, Amaranth oder Haferflocken.

KÜRBISKERNE

Kürbiskerne gehören, vor allem wenn ich sie zuvor geröstet habe, zu meinen Lieblingssnacks. Als wir einmal zu Halloween Kürbisse in Lampen verwandelten, wollte eine Freundin wissen, weshalb ich mir denn so viel Mühe mache, um die Kürbissamen fein säuberlich aus dem Fleisch zu lösen. Man möchte ja fast meinen, mir seien die Samen wichtiger als die Kürbisse. In gewisser Weise stimmt das sogar. Wenn es an die Herstellung von Kürbislampen geht, dann gehört es zu meinen Hauptvergnügungen, hinterher die Samen mit 1 Prise Salz und Paprika zu rösten. Ich habe immer Kürbiskerne im Haus. Ich streue sie über Salate und Suppen oder mahle sie zu Mehl, um daraus Cupcakes zu backen (Seite 181). In meiner Familie ist es schon Tradition, jeden Herbst eine Ladung Kürbisse zu kaufen, damit wir immer Kürbismus und -kerne zu Hause haben.

Frisch geerntete Kürbissamen haben eine weiße Schale, die Sie bedenkenlos mitessen können, vor allem, wenn Sie die Samen geröstet haben. Die Kürbiskerne, die Sie im Laden kaufen können, sind jedoch geschält. Der Unterschied fällt sofort ins Auge, denn geschälte Kürbiskerne sind schmaler in der Form und grün. Kürbiskerne sind eine ausgezeichnete Quelle für Zink, Proteine und Eisen.

Kürbiskerne sind nicht schwer zu bekommen. Sie finden sie in vielen gut sortieren Supermärkten. Die biologische Variante gibt es in Naturkostläden und Reformhäusern. Wenn ich sie nicht zu Mehl mahle, röste ich sie und gebe sie ins Müsli.

Kürbiskernschrot

Kürbiskernmehl ist ein guter Ersatz für Nussmehle und als Bindemittel unübertroffen (siehe zum Beispiel das Rezept für Linsen-Bällchen, Seite 179).

Am besten mahlen Sie Kürbiskerne im Hochleistungsmixer oder in der Kaffeemühle. Sie können es durchsieben, aber meiner Erfahrung nach wird der Schrot, den Sie beim ersten Mahlgang gewinnen, ohnehin fein genug. Kürbiskernschrot riecht nicht gerade gut, aber das sollte Sie nicht davon abhalten, ihn zu verwenden. In den einzelnen Rezepten schmeckt er durchaus mild. Kürbiskerne und Kürbiskernschrot werden schnell ranzig. Ich kaufe daher nur kleine Mengen und mahle wirklich nur, was ich sofort verbrauchen kann.

Maßangaben

1 Tasse Kürbiskerne = 120 g

1 Tasse Kürbiskernschrot = 100 g

1 Tasse (120 g) Kürbiskerne = 1 Tasse plus 3 Esslöffel (120 g) Kürbiskernschrot

Linsen-Bällchen

In diese Linsenbällchen habe ich mich gleich verliebt. Sie können sie mit Barbecuesauce servieren oder zu Spaghetti und Makkaroni-Gerichten (siehe Spaghetti-Rezept, Seite 74).

Ergibt 8 grosse Bällchen

- **1 Esslöffel Olivenöl**
- **⅓ Tasse (60 g) Zwiebeln, fein gehackt**
- **1 kleine Knoblauchzehe, fein gehackt**
- **1 Tasse (200 g) braune Linsen, gekocht und abgekühlt**
- **½ Tasse (50 g) Kürbiskernschrot**
- **¼ Tasse (25 g) Kürbismus**
- **1 großes Eigelb**
- **2 Teelöffel frische Petersilie, fein gehackt**
- **1 Teelöffel frischer Salbei, fein gehackt**
- **½ Teelöffel Meersalz**
- **½ Teelöffel frisch gemahlener schwarzer Pfeffer**

Den Backofen auf 190 °C vorheizen. Ein Backblech mit Backpapier auslegen.

Olivenöl in einer Pfanne auf mittlerer Flamme erhitzen. Zwiebeln und Knoblauch dazugeben und 5 bis 6 Minuten dünsten, bis die Zwiebeln glasig werden. Leicht abkühlen lassen.

Linsen, Kürbiskernschrot, Zwiebelmischung, Kürbismus, Eigelb, Petersilie, Salbei, Salz und Pfeffer in einer großen Schüssel zu einem Teig vermengen. So lange rühren, bis alles gut durchmischt ist und der Teig sich zu Bällchen formen lässt.

Etwa ¼ Tasse der Linsenmischung abstechen und zu einer Kugel rollen. Das Bällchen auf das Backblech setzen. Insgesamt 8 Kugeln formen.

Die Bällchen 40 bis 45 Minuten im Backofen backen, bis ihre Außenseite knusprig und leicht golden ist. Dabei nicht wenden. Sie können diese Linsenbällchen gut im Voraus zubereiten und ohne sie zu backen einfrieren. Lassen Sie sie auftauen, bevor Sie sie in den Backofen geben.

Perfektes Fingerfood bekommen Sie, wenn Sie die Bällchen kleiner machen: Stechen Sie etwa 2 Esslöffel ab und rollen Sie diese zu Bällchen. Das ergibt etwa 16 Stück. Reduzieren Sie die Backzeit dann auf 30 Minuten.

Schoko-Cupcakes mit Ganache

Das sind meine Überraschungs-Cupcakes, weil kein Mensch je errät, dass ihre Hauptzutat Kürbiskerne sind. Die Cupcakes werden sehr saftig und der erdige Geschmack der Kürbiskerne trägt die Schokonote. Um das Aroma noch zu steigern, geben Sie 1 bis 2 Esslöffel Espressopulver hinzu.

Ergibt 12 Cupcakes

Für die Cupcakes:

2 Tassen (200 g) feiner Kürbiskernschrot
½ Tasse (40 g) ungesüßtes Kakaopulver
½ Teelöffel Natron
¼ Teelöffel Meersalz
4 große Eier
¼ Tasse plus 2 Esslöffel (125 g) Honig
¼ Tasse (60 ml) Walnussöl

Für die Ganache:

¼ Tasse (60 ml) Konditorsahne (mind. 36 % Fett)
1 Tasse (240 g) Zartbitter-Schokotropfen

Den Backofen auf 190 °C vorheizen. Eine Muffinform für 12 Muffins mit Papierbackförmchen auskleiden.

Für die Cupcakes: Kürbiskernschrot, Kakaopulver, Natron und Salz in einer großen Schüssel vermengen. Eier, Honig und Walnussöl in einer zweiten Schüssel mit einem Schneebesen verrühren. Die nassen Zutaten über die trockenen gießen und den Teig glatt rühren. Den Teig gleichmäßig in den Papierbackförmchen verteilen, dabei jedes nur zu zwei Dritteln füllen.

Die Cupcakes 16 bis 18 Minuten im Backofen backen, bis sie sich auf Druck wieder ausbeulen. Auf ein Kuchengitter setzen und abkühlen lassen.

Für die Ganache: Sahne und Schokotropfen im Wasserbad verrühren. Langsam erwärmen und unter Rühren die Schokolade schmelzen lassen. Vom Herd nehmen, sobald die Ganache glatt ist.

Wenn die Cupcakes abkühlt sind, die Ganache in einen Spritzbeutel füllen und die Oberfläche der Cupcakes damit verzieren.

Gefüllte Pilze mit Kürbiskernkruste

Pilze waren nie meine große Liebe. Doch ich habe gelernt,
sie nicht aus meiner Küche zu verbannen, weil mein Mann sie so gern isst.
Daher habe ich immer welche zu Hause – für Salate, zum Frittieren oder Grillen.
Diese gefüllten Pilze sind das Lieblingsgericht meines Göttergatten.

Ergibt 12 Pilze

55 g Ziegenkäse
55 g Doppelrahmfrischkäse
½ Teelöffel Knoblauchpulver
½ Teelöffel frisch gemahlener schwarzer Pfeffer
¼ Teelöffel Meersalz
12 große Champignons, ohne Stiele
¼ Tasse (25 g) Kürbiskernschrot
¼ Tasse (10 g) Parmesan, gerieben

Den Backofen auf 190 °C vorheizen.

Ziegenkäse und Frischkäse in einer Schüssel mit einem Holzlöffel verrühren. Knoblauchpulver, Pfeffer und Salz dazugeben und gründlich verrühren. Einen Esslöffel in etwas Wasser tauchen, 1 bis 2 Esslöffel von der Käsemischung abstechen und in die Champignonköpfe streichen, dabei eine kleine Kuppel bilden.

Kürbiskernschrot und Parmesan in einer Schüssel vermischen. Die Champignons mit der Käseseite in die Kürbismischung stippen, anschließend auf ein Backblech setzen. Die Champignons 20 bis 25 Minuten im Back-ofen backen, bis die Pilze weich sind und die Füllung goldbraun strahlt.

SONNEN-BLUMENKERNE

Als ich nach Kalifornien zog, war ich verblüfft über all die wunderbaren Obst- und Gemüsesorten, die im Sacramento Valley gedeihen. Ich hatte das Gefühl, als gäbe es hier einfach alles, was ich brauche. Und so gehört es zu meinen Lieblingsbeschäftigungen, über Land zu fahren und das Blühen und Wachsen zu beobachten. Am liebsten sind mir dabei Sonnenblumenfelder. Sonnenblumenkerne sind verborgene Schätze. Sie schmecken süß und bereichern jede Mahlzeit. Wer unter einer Nussallergie leidet, kann sich einen Brotaufstrich aus Sonnenblumenkernen machen. Ich habe immer welche zu Hause, weil ich sie über Salate und Suppen streue, in Veggie-Burger mische oder zu einer Teigschale verarbeite wie im Rezept auf Seite 187.

Sonnenblumenkerne bestehen aus zwei Teilen: aus der Schale und dem Kern. Die harte schwarze Schale schützt den hellbraunen Kern. Die Kerne werden gepresst und geben das beliebte Sonnenblumenöl, das hellgelb ist und mild schmeckt. Rotes Sonnenblumenöl wurde heiß gepresst und hat auf diesem Weg viele seiner Nährstoffe verloren. Achten Sie also darauf, möglichst kalt gepresstes Öl zu kaufen.

Sonnenblumenkerne, die mit Schale verkauft werden, dienen meist als reines Vogelfutter. Die geschälten hellgrauen Kerne hingegen können Sie leicht zu Mehl vermahlen. Sonnenblumenkerne sind in jedem Naturkostladen oder Reformhaus zu finden.

Sonnenblumenkernschrot und -mehl

Sonnenblumenkerne haben einen hohen Fettgehalt, daher kann daraus sehr gut ein Brotaufstrich bereitet werden. Gleichzeitig macht dies das Mahlen schwierig. Ich mahle Sonnenblumenkerne meist in der Kaffeemühle, weil sich so am besten verhindern lässt, dass aus dem feinen Schrot Mus wird, was gerade in Küchenmaschinen und Mixern häufig der Fall ist. Wie Leinsamen und Kürbiskerne lassen sich auch Sonnenblumenkerne zu einem sehr feinen Schrot vermahlen, der nicht gesiebt werden muss.

Ich schätze das Mehl von Sonnenblumenkernen, weil sich sein süßer Geschmack jedem Rezept anpasst. Alles, was ich aus Sonnenblumenkernschrot mache, bringt diesen sonnig-nussigen Geschmack mit sich. Und bei Allergien können Sie damit jedes Nuss- oder Mandelmehl ersetzen.

Wenn Sie Sonnenblumenkernmehl mit Natron verarbeiten, ist Vorsicht geboten. Die chemische Reaktion zwischen den beiden Stoffen kann ihre Backwaren grün verfärben. Das ist weder gesundheitlich noch geschmacklich ein Problem, aber das Aussehen leidet durchaus.

Maßangaben

1 Tasse Sonnenblumenkerne = 120 g
1 Tasse Sonnenblumenkernmehl = 100 g
1 Tasse (120 g) Sonnenblumenkerne = 1 Tasse plus 2 Esslöffel (120 g) Sonnenblumenkernmehl

Sonnenblumen-Cracker

Ich liebe Snacks wie Cracker mit Käse. Doch die Cracker, die es zu kaufen gibt, enthalten meist Farb- und Konservierungsstoffe oder sogar völlig unnötige Zuckerzusätze. Die Zutaten hier sind sehr überschaubar und geben einen perfekten Snack ab.

Ergibt 24 bis 36 Cracker, je nach gewünschter Grösse

1 Tasse (50 g) Haselnussmehl
½ Tasse (50 g) Pekannussmehl
1 Tasse (100 g) feiner Schrot von Sonnenblumenkernen
1 großes Ei
1 Teelöffel Meersalz

Den Backofen auf 190 °C vorheizen. 2 Backbleche mit Backpapier auslegen.

Nuss- und Sonnenblumenkernmehl mit Ei und Salz in einer Schüssel zu einem glatten Teig verarbeiten. Den Teig halbieren. Jede Hälfte auf ein Backblech streichen. Mit Backpapier bedecken und so dünn wie möglich ausrollen. Das obere Backpapier abziehen, dann den Teig mit einem Messer oder einem Teigrad in 2,5 x 5 Zentimeter große Rechtecke schneiden, die Stücke aber nicht trennen. Den Teig etwa 8 Minuten im Backofen backen.

Aus dem Backofen nehmen und die Cracker mit dem Messer oder dem Teigrad trennen. Die Cracker wieder in den Backofen schieben und noch weitere 3 bis 5 Minuten backen, bis sie knusprig sind. Vor dem Servieren abkühlen lassen.

Bananencreme-Pie mit Sonnenblumenteig

Der Lieblingskuchen meines Vaters war Schoko-Sahne-Torte. Als ich in einer Bäckerei zu arbeiten begann, lernte ich, auch einmal etwas anderes hineinzupacken als Schokolade, in diesem Fall Bananen und Kokosnuss. Die Bananencreme-Pie ist mein Lieblingskuchen, den ich naturköstlich abgewandelt habe, indem ich den Teig aus Sonnenblumenkernen, Mandeln und Nüssen mache und den Zucker durch Honig ersetze.

Ergibt 8 Portionen

Für den Teig:

6 bis 8 Medjoul-Datteln, entsteint

1 Tasse (100 g) feiner Schrot von Sonnenblumenkernen

½ Tasse (60 g) Mandelmehl

½ Tasse (50 g) Haselnussmehl

¼ Teelöffel Zimtpulver

¼ Teelöffel Meersalz

1 bis 2 Esslöffel Honig

Für die Füllung:

2 Tassen (480 ml) Vollmilch

4 große Eigelb

⅓ Tasse (110 g) Honig

¼ Tasse (30 g) Maisstärke

¼ Teelöffel Meersalz

Mark von ½ Vanilleschote

2 große reife Bananen

Für das Topping:

1½ Tassen (360 ml) Konditorsahne (mind. 36 % Fett)

2 Teelöffel Honig

Für den Teig: Eine Auflaufform von 23 Zentimetern Durchmesser dünn einölen. Datteln in einer kleinen Schüssel mit warmem Wasser übergießen und 20 bis 30 Minuten einweichen lassen. Abgießen und mit Mehl, Schrot von Sonnenblumenkernen, Zimt und Salz in der Küchenmaschine verrühren. Die Pulse-Taste drücken, bis die Datteln klein geschnitten sind. Honig mit der Pulse-Taste einarbeiten, bis der Teig zusammenhält. Wenn nötig noch etwas Honig hinzugeben. Den Teig in die Auflaufform drücken und in den Kühlschrank stellen.

Für die Füllung: Milch in einer mittelgroßen Kasserolle auf mittlerer Flamme erwärmen, bis sich am Topfrand Bläschen bilden. Eigelb, Honig, Maisstärke und Salz in einer mittelgroßen Schüssel glatt rühren. ¼ Tasse (60 Milliliter) der warmen Milch unter die Eiermischung rühren, um die Eier anzuwärmen. Die Eiermischung mit einem Schneebesen verrühren, dabei schön gleichmäßig die restliche Milch hinzugießen.

Die Füllung wieder in die Kasserolle schütten und auf mittlerer Flamme unter ständigem Rühren erwärmen, bis sie andickt. Wenn sich Klümpchen bilden, weiterrühren. Dann das Vanillemark einrühren.

Den Boden der kalt gestellten Teigschale mit Bananenscheiben belegen. Die heiße Füllung darübergießen und die Pie im Kühlschrank 1 bis 2 Stunden abkühlen lassen.

Für das Topping: Sahne mit Honig steif schlagen. Wenn Sie keine Konditorsahne finden, unter die steif geschlagene Sahne 1 bis 2 Esslöffel Mascarpone oder Crème double rühren. Sahne auf die Pie streichen und sofort servieren. Reste im Kühlschrank aufbewahren.

Sonnenblumen-Marmelade-Cookies

In vielen Dingen komme ich nach meinem Vater. Ich spiele Hockey und fotografiere gerne. Wir sind beide recht stur und genießen es, draußen in der Natur zu sein. Und wir lieben ganz altmodische Marmeladenkekse, von denen ich hier eine glutenfreie Version ersonnen habe.

Ergibt 12 Cookies

1 Tasse (100 g) Sonnenblumenkernmehl
¼ Tasse (35 g) Sorghummehl
¼ Tasse (30 g) Buchweizenmehl
2 Esslöffel Pfeilwurzelmehl
2 Esslöffel Maisstärke
2 Esslöffel (30 g) Butter, zerlassen
1½ Esslöffel Honig
Mark von ¼ Vanilleschote
2 bis 3 Esslöffel Erdbeer-, Heidelbeer- oder Himbeermarmelade

Den Backofen auf 180 °C vorheizen. Ein Backblech mit Backpapier auslegen.

Sonnenblumenkernmehl, Sorghum- und Buchweizenmehl, Pfeilwurzelmehl und Maisstärke in einer Schüssel verrühren. Butter, Honig und Vanillemark hinzufügen und zu einem glatten Teig verkneten.

Den Teig mit einem Löffel in 12 Portionen teilen. Jedes Teigstück zu einer Kugel formen und diese auf das Backblech setzen. Mit dem Daumen eine Vertiefung in die Mitte drücken. ½ bis 1 Teelöffel Marmelade hineingeben.

Die Cookies 12 bis 13 Minuten im Backofen backen, bis sie fest und leicht gebräunt sind. Vor dem Servieren abkühlen lassen. In einem luftdicht verschlossenen Gefäß bleiben die Kekse 2 bis 3 Tage frisch. Wenn sie länger vorhalten sollen, frieren Sie sie am besten ein.

MANDELN

Neben Pistazien esse ich am liebsten Mandeln, wenn ich schnell was zwischendurch brauche. Der leichte, buttrige Geschmack passt wunderbar zu Trockenfrüchten, Oliven, Käse und natürlich zu Wein. Auch wenn ich beim Wandern einen Energieschub benötige, greife ich zu ein paar Mandelkernen. Sie lassen sich gut verarbeiten, daher habe ich immer welche zu Hause.

Mandeln zählen wir zwar zu den Nüssen, weil sie sich wie Haselnüsse oder Walnüsse verwenden lassen, doch eigentlich gehören sie zu den Steinfrüchten. Der Mandelbaum wurde häufig auch wegen seiner bezaubernden rosaroten Blüte angebaut. Die Mandelfrucht hat drei Schichten: eine ledrig grüne Hülle, eine harte Schale und den von einer zimtfarbenen Haut bedeckten Kern. Das ist der berühmte Mandelkern. Mandeln stammen ursprünglich aus Asien und kamen über den Nahen Osten zu uns. Meine Heimat Kalifornien liefert heute Mandeln in alle Welt.

Man unterscheidet zwischen Süßmandeln und Bittermandeln. Erstere haben diesen zimtbraunen Kern, den wir so gern essen. Bittermandeln hingegen werden zu Mandelöl gepresst und würzen zum Beispiel Kuchen und Marzipan. Roh sind Bittermandeln giftig. Sie bekommen Mandeln in jedem Supermarkt, die biologisch angebauten im Naturkostladen und Reformhaus. Mandeln enthalten viele Proteine und Ballaststoffe sowie gesunde ungesättigte Fettsäuren.

Mandelmehl

Die Vielfalt der im Supermarkt angebotenen Mandelsorten bzw. Mandelzubereitungen wirkt auf den ersten Blick verwirrend. Es gibt rohe, geröstete, gesalzene Mandeln und so weiter. Des Weiteren kann man Mandelblättchen, Mandelsplitter et cetera kaufen. Ich aber nehme nur die braunen Mandelkerne, weil sie länger aromatisch bleiben. Das Mandelmehl wird dann hübsch braun-weiß.

Mandeln enthalten etwas weniger Fett als die gängigen Nüsse, daher lassen sie sich auch gut zu Mehl mahlen. (Wenn Sie zu lange mahlen, bekommen Sie allerdings auch bei Mandeln Mus statt Mehl.) Am besten mahlen Sie sie in der Küchenmaschine mit der Pulse-Taste, streichen sie durch ein Sieb und geben den so gewonnenen feinen Schrot noch einmal in die Küchenmaschine. Wiederholen Sie diese Arbeitsschritte, bis alle Mandeln zu feinem Mehl vermahlen sind. Mandelmehl kann pur verwendet werden oder mit anderen Mehlen. Wenn Sie vom Mahlen noch Mandelschrot übrig haben, können Sie ihn für das Granola (Seite 190) verwenden.

Maßangaben

1 Tasse Mandelkerne = 140 g

1 Tasse Mandelmehl = 120 g

1 Tasse (140 g) Mandelkerne = 1 Tasse plus 2 Esslöffel (140 g) Mandelmehl

Mandel-Honig-Granola

Ein perfektes Frühstück sieht für mich so aus: griechischer Joghurt, frische Früchte und etwas Granola dazu. Granola aus Mandelschrot schätze ich besonders, weil so der Morgen mit einem Proteinkick beginnt.

Ergibt 4 Tassen

2 Tassen (240 g) Mandelschrot
1 Tasse (130 g) getrocknete Aprikosen, gehackt
1 Teelöffel Kardamompulver
¼ Teelöffel Meersalz
3 Esslöffel Walnussöl oder zerlassene Butter
3 Esslöffel Honig

Den Backofen auf 150 °C vorheizen. Ein Backblech mit Backpapier auslegen.

Mandelschrot, Aprikosen, Kardamom und Salz in einer mittelgroßen Schüssel verrühren. Öl oder Butter mit Honig in einer zweiten Schüssel verrühren. Die Fettmischung über die Mandelmischung gießen und gut einarbeiten.

Die Mandelmasse dünn auf dem Backblech verteilen und 25 bis 30 Minuten im Backofen backen. Nach etwa 15 Minuten kurz durchrühren. Der Mandelschrot sollte goldbraun sein.

Ganz abkühlen lassen. Das Granola wird erst beim Abkühlen knusprig. In einem luftdicht verschlossenen Behälter aufbewahren. Das Granola hält bei Zimmertemperatur bis zu 1 Woche.

Sie können die Aprikosen durch beliebige andere Trockenfrüchte ersetzen, zum Beispiel durch Rosinen, Cranberrys oder Ananas.

Schoko-Mandel-Cookies

Diese Cookies rührte ich zusammen, als ich Appetit auf Cookies hatte, aber im ganzen Haus weder Butter noch Mehl zu finden waren. Das Ergebnis ist ein leichter Keks für Süßschnäbel. Hier ist es wichtig, dass Sie fein gemahlenes Mandelmehl verwenden. Mit Mandelschrot gelingen die Kekse nicht.

Ergibt 12 Cookies

1 Tasse (120 g) Mandelmehl
1 Teelöffel Zimtpulver
1 Teelöffel Natron
¼ Teelöffel Meersalz
2 Eiweiß
2 Esslöffel Walnussöl oder zerlassene Butter
4 Esslöffel Ahornsirup
Mark von ¼ Vanilleschote
⅔ Tasse (120 g) Zartbitterschokolade, in grobe Stücke gebrochen
Mandelschrot zum Bestäuben

Den Backofen auf 180 °C vorheizen. Ein Backblech mit Backpapier auslegen.

Mandelmehl, Zimt, Natron und Salz in einer mittelgroßen Schüssel vermischen. Eiweiß, Öl oder Butter, Ahornsirup und Vanillemark hinzufügen und zu einem homogenen Teig verkneten.

Mit einem Löffel einzelne Portionen von etwa 2 Esslöffeln abstechen, auf das Backblech setzen und mit dem Löffel flach drücken. Die Cookies 18 Minuten im Backofen backen, bis sie aufgehen und auf Druck fest bleiben. Ganz abkühlen lassen.

Schokolade im Wasserbad auf mittlerer Flamme schmelzen. Jedes Cookie bis zur Hälfte eintauchen und auf ein Kuchengitter legen. Die Schokohälfte mit Mandelschrot bestäuben und abkühlen lassen, bis die Schokolade aushärtet.

Honig-Mandel-Crêpes mit gebackenen Pfirsichen und Schlagsahne

Während die Fülle sommerlicher Früchte auf ihren Höhepunkt zusteuert, bin ich stets auf der Suche nach neuen Rezepten, um die Köstlichkeiten zu verarbeiten. Die Mandelcrêpes passen wunderbar zu den Pfirsichen – eine Götterspeise für warme Sommerabende.

Ergibt 6 bis 8 Crêpes

¾ Tasse (90 g) Mandelmehl
2 Esslöffel Pfeilwurzelmehl
1 Prise Teelöffel Meersalz
1 großes Ei
¼ Tasse plus 2 Esslöffel (90 ml) fettarme Milch oder Vollmilch
2 Esslöffel Honig
1 Esslöffel (15 g) Butter, zerlassen
Walnuss- oder Kokosöl zum Braten

3 oder 4 reife Pfirsiche, in Schnitze zerteilt
½ Tasse (120 ml) Schlagsahne

Den Backofen auf 190 °C vorheizen.

Mandel- und Pfeilwurzelmehl, Salz, Ei und Milch mit 1 Esslöffel Honig und Butter in einer mittelgroßen Schüssel glatt rühren. Eine Pfanne von 20 Zentimetern Durchmesser dünn einölen und auf mittlerer Flamme erhitzen. Knapp ¼ Tasse (50 Gramm) Teig hineingeben. Die Pfanne schnell drehen, sodass der Teig den ganzen Pfannenboden bedeckt. Den Teig etwa 30 Sekunden backen, wenden und weitere 15 Sekunden backen. Die fertigen Crêpes nur leicht überlappend auf einen Teller legen.

Die Pfirsichschnitze in einer Lage in einen Bräter schichten und 15 bis 25 Minuten im Backofen backen, bis sie weich sind. (Reife Pfirsiche brauchen nicht so lange.) Während die Pfirsiche backen, die Schlagsahne steif schlagen.

Eine Crêpe auf einen Teller legen. Etwa ⅓ Tasse Pfirsiche in die Mitte geben. Eine Crêpehälfte darüberklappen. 1 bis 2 Esslöffel Schlagsahne daraufsetzen und darauf 1 weiteren Löffel Pfirsichschnitze geben. Einen dünnen Faden Honig darüberlaufen lassen und servieren.

Crêpes lassen sich gut einfrieren, daher mache ich oft eine größere Portion. Zum Einfrieren einfach die einzelnen Crêpes mit Küchenpapier trennen und in einen Gefrierbeutel legen. So habe ich immer 1 bis 2 Crêpes pro Person zur Verfügung.

PISTAZIEN

Zur Pistazien-Jüngerin bin ich erst vor Kurzem geworden, als ich beim Wandern meine Energieriegel vergessen hatte und bei Muttern mitnaschen musste. Schon nach den ersten Bissen fragte ich mich, wie ich es so lange ohne Pistazien ausgehalten hatte. (Wenn man von der fetttriefenden Baklava vom türkischen Bäcker um die Ecke einmal absieht.) Seitdem habe ich ständig Pistazien zu Hause, meist gesalzen und in der Schale geröstet. Ich persönlich mag auch Pistazien mit Schokolade oder mit Zitrone. Pistazien haben einen ganz eigenen Geschmack, der Leichtigkeit und Süße verströmt. In dieser Hinsicht kommen ihnen nur Mandeln gleich.

Tatsächlich ist auch die Pistazie keine Nuss, sondern zählt zu den Steinfrüchten. Die Kerne wachsen in der Sicherheit einer Schale heran und sind auch noch mit einem Häutchen bedeckt. Die Schale lässt sich leicht mit der Hand öffnen. Auch farblich wirkt die Pistazie ansprechend: Die grüne Nuss sitzt in einer rötlichen Haut. Sie gehört übrigens zur selben Familie wie Cashewkerne. Ursprünglich stammt die Pistazie aus Zentralasien und dem Nahen Osten, mittlerweile aber wird sie in aller Welt angebaut. Pistazien werden sowohl mit als auch ohne Schale verkauft und sind überall ein beliebter Snack. Kein Wunder, enthalten sie doch viel Protein und gesunde Fette.

Pistazien in der Schale bekommen Sie in nahezu jedem Supermarkt, die biologische Variante in Naturkostläden und Reformhäusern. Meist werden sie geröstet und gesalzen verkauft. Rohe Pistazienkerne sind deutlich teurer, eignen sich aber eher zum Mahlen. Sie finden sie meist bei Versendern für Rohkostprodukte im Internet.

Pistazienschrot und -mehl

Pistazien, die Sie zu Mehl oder Schrot verarbeiten wollen, sollten nach Möglichkeit geschält und ungesalzen sein. Zum einen ist es mühselig, geröstete und gesalzene Pistazien zu schälen, zum anderen können das Salz und die Röstaromen das Rezept misslingen lassen.

Pistazienmehl hat ein so feines Aroma, dass ich es auch gern allein verwende. Zum Mahlen nehme ich die Küchenmaschine und zerkleinere immer nur kleine Mengen auf einmal. So läuft man nicht so schnell Gefahr, die Pistazien zu Mus zu mahlen. Am Ende siebe ich die zerkleinerten Pistazien aus. Dann habe ich Pistazienschrot für gröbere Gerichte und ein seidig grünes Mehl für die feinen. Vergessen Sie nicht, dass Ihre Backwaren mit Pistazien grün werden.

Pistazienschrot gebe ich gern einzelnen Rezepten zu, zum Beispiel zu Muffins, wo ich einen Teil des Mehls damit ersetze. Wenn ich Vanille-Eis mache, nehme ich dafür Pistazienmilch und gebe ein wenig Pistazienschrot hinein. Oder ich streue Pistazienschrot statt Granola über meinen Joghurt.

Maßangaben

1 Tasse Pistazien = 100 g
1 Tasse Pistazienschrot = 100 g
1 Tasse (100 g) Pistazien = 1 Tasse (100 g) Pistazienschrot

Kürbis mit Pistazienpanade auf Spinatsalat

Bei Salat folge ich nicht ganz dem Lauf der Jahreszeiten. Die meisten Menschen hören auf, Salat zu essen, wenn es draußen kühler wird. Ich lege dann erst richtig los, weil der Salat im Herbst noch so schön grünt. Dieser Salat kombiniert herbstliche Aromen mit der Frische grünen Spinats.

Ergibt 2 Portionen

Für den Kürbis:

½ Knoblauchzehe, fein gehackt
1 Teelöffel frischer Oregano
¼ Teelöffel Meersalz
¼ Teelöffel frisch gemahlener schwarzer Pfeffer
1 Esslöffel Olivenöl
¼ Tasse (25 g) Pistazienschrot

Für das Dressing:

55 g Blauschimmelkäse, zerkrümelt
¼ Tasse (55 g) griechischer Joghurt (10 % Fett)
2 Esslöffel Buttermilch
1 Esslöffel Apfelessig
¼ Teelöffel Meersalz
¼ Teelöffel frisch gemahlener schwarzer Pfeffer

2 bis 3 Handvoll Spinatblätter

Den Backofen auf 190 °C vorheizen. Ein Backblech einölen.

Für den Kürbis: Kürbis schälen und der Länge nach halbieren. Die Kerne mit einem Löffel entfernen und das Kürbisfleisch in etwa 5 Millimeter dicke Scheiben schneiden.

Die Kürbisscheiben in eine mittelgroße Schüssel legen. Knoblauch, Oregano, Salz und Pfeffer in einer kleinen Schüssel vermischen und über den Kürbis streuen. Die Kürbisscheiben mit Olivenöl beträufeln, wenden und von der anderen Seite bestreuen. Pistazienschrot über den Kürbis geben, wieder wenden und von der anderen Seite mit Pistazienschrot bestreuen. Kürbis in einer Lage auf dem Backblech verteilen. Die Pistazienkruste noch einmal andrücken. Kürbis 40 bis 45 Minuten im Backofen backen, bis die Pistazien knusprig sind und der Kürbis weich ist.

Für das Dressing: Blauschimmelkäse, Joghurt, Buttermilch, Essig, Meersalz und schwarzen Pfeffer in einer Schüssel oder im Mixer gründlich verrühren. Wenn Sie es gern dünnflüssiger hätten, etwas mehr Buttermilch hinzugeben.

Den Spinat auf 2 Teller verteilen. Die Kürbisscheiben darauf anrichten und mit dem Dressing beträufeln.

Zitronen-Pistazien-Kuchen mit Cream Cheese

Ich verwende selten ausschließlich Nussmehle.
Dieser Kuchen ist die einzige Ausnahme, weil er gewöhnlich nur bei besonderen Anlässen auf den Tisch kommt. Pistazien und Zitronen gehen hier eine einzigartige geschmackliche Verbindung ein. Ein Kuchen für große Feste – ohne Gluten!

ERGIBT 1 KUCHEN VON 20 ZENTIMETERN DURCHMESSER

Für den Kuchen:

2 Tassen (200 g) Pistazienmehl, plus wahlweise ein wenig Pistazienschrot zum Bestreuen

½ Tasse (60 g) Pfeilwurzelmehl

2 Esslöffel abgeriebene Schale von Bio-Zitronen

1 Teelöffel Natron

½ Teelöffel Meersalz

½ Tasse (120 ml) Walnussöl

¼ Tasse (85 g) Honig

3 große Eier

Für den Cream Cheese:

170 g Doppelrahmfrischkäse

2 Esslöffel (30 g) weiche Butter

1 Tasse (120 g) Puderzucker

1 bis 2 Esslöffel Honig

2 bis 3 Esslöffel Sahne

Den Backofen auf 180 °C vorheizen. Eine runde Kuchenform von 20 Zentimetern Durchmesser mit Butter ausstreichen.

Für den Kuchen: Pistazien- und Pfeilwurzelmehl, Zitronenschale, Natron und Salz in einer mittelgroßen Schüssel vermischen. Walnussöl, Honig und Eier in einer zweiten Schüssel mit einem Schneebesen verrühren. Die nassen Zutaten über die trockenen gießen und zu einem glatten Teig verrühren.

Den Teig in die Kuchenform geben und 20 bis 22 Minuten im Backofen backen, bis er goldbraun ist und sich in der Mitte wölbt. 10 Minuten abkühlen lassen.

Sobald er einigermaßen abgekühlt ist, mit einem Messer die Ränder lösen. Den Kuchen auf eine Kuchenplatte stürzen und ganz auskühlen lassen.

Für den Cream-Cheese-Belag: Frischkäse und Butter mit einem Handmixer auf höchster Stufe verrühren. Puderzucker, 1 Esslöffel Honig und 2 Esslöffel Sahne hinzugeben. Weiterrühren, bis die Creme glatt ist. Abschmecken und wenn nötig noch etwas Honig hinzugeben. Ist die Füllung zum Streichen zu dick, noch 1 Esslöffel Sahne dazugeben. Den Kuchen rundum mit dem Cream Cheese bestreichen. Nach Belieben die Oberfläche mit Pistazienschrot bestreuen.

Hier müssen Sie tatsächlich gesiebtes Pistazienmehl verwenden, weil der Kuchen sonst nicht gelingt. Mit Schrot wird er ein dicker Klotz, während er mit Mehl leicht und luftig gerät.

Süsskartoffel-Latkes mit Koriander-Dip

Wenn man mich nach meinen Schwächen fragt, nenne ich immer eine zuerst: Ungeduld. Daher benötigt der Großteil meiner Rezepte selten länger als 30 Minuten zur Zubereitung. Dieses Rezept schätze ich, weil ich die Süßkartoffeln nicht extra kochen muss, bevor ich sie verwende. Hier werden sie nur gerieben. Ich lasse übrigens die Schale meistens dran.

Ergibt 6 bis 8 Latkes (Puffer)

Für die Latkes:

1 mittelgroße Süßkartoffel (225 g), geschält
¼ Tasse (40 g) rote Zwiebeln, fein gehackt
1 großes Ei
2 Esslöffel Pistazienschrot
¼ Teelöffel Weinsteinbackpulver
¼ Teelöffel Meersalz
¼ Teelöffel Chipotle-Chilipulver
¼ Teelöffel Korianderpulver
¼ Teelöffel Kreuzkümmelpulver
2 bis 3 Esslöffel Kokos- oder Olivenöl

Für den Dip:

¼ Tasse (60 g) Mayonnaise
2 Esslöffel frisches Koriandergrün, fein gehackt
1 Esslöffel Limettensaft, frisch gepresst
1 Teelöffel Honig
¼ Teelöffel Meersalz
¼ Teelöffel frisch gemahlener schwarzer Pfeffer

frisches Koriandergrün zum Bestreuen

Für die Latkes: Süßkartoffel grob raspeln. In ein Küchentuch geben und auspressen (auch mit einem Haarsieb möglich). Süßkartoffel mit Zwiebeln, Ei, Pistazienschrot, Backpulver, Salz, Chilipulver, Koriander und Kreuzkümmel in einer Schüssel verrühren, bis der Teig schön durchmischt ist.

Öl in einer Pfanne auf mittlerer Flamme erhitzen. 2 bis 3 Esslöffel von dem Teig ins heiße Öl geben und mit dem Löffel flach drücken. Die Puffer von jeder Seite 4 bis 5 Minuten braten, bis sie braun und knusprig sind. Auf Küchenpapier abtropfen lassen. Mit dem restlichen Teig genauso verfahren. Geben Sie wenn nötig mehr Öl in die Pfanne.

Für den Dip: Mayonnaise mit Koriandergrün, Limettensaft, Honig, Salz und Pfeffer verrühren. Nach Belieben abschmecken.

Die Latkes mit einem Klecks Dip auf Tellern anrichten und alles mit Koriandergrün bestreuen.

Wenn Sie keine Mayonnaise mögen, versuchen Sie es mit griechischem Joghurt (10 Prozent Fett).

HASELNÜSSE

Als ich anfing, mich gesünder zu ernähren, delegierte meine Familie plötzlich das Catering für Familienfeiern an mich. Meine Liebesgeschichte mit Nussmehlen begann wenig später, als ich Schoko-Tarte mit Haselnussboden machte. Der Teig bestand nur aus Haselnussschrot, Zucker und Sahne. Kombiniert mit einer cremigen Schokoladenfüllung war das natürlich der Hit. Alles, was ich über Tartes und ihre mehlige Basis zu wissen glaubte, war infrage gestellt. Solche Teigschalen aus Nussmehl zubereiten zu können, eröffnete mir eine ganz neue Welt, die ich nur zu gern erforschte.

Haselnüsse stammen vom Haselstrauch, der botanisch zu den Birkengewächsen gehört. Wie andere Baumnüsse besteht auch die Haselnuss aus drei Teilen: aus Hüllblättern, der Schale und dem Kern, der eigentlichen Nuss. Reift die Haselnuss heran, verkümmern die Hüllblätter allmählich, sodass die Nuss frei liegt und besser zugänglich ist. Wie alle Nüsse stellen auch Haselnüsse eine ausgezeichnete Proteinquelle dar. Sie sind zudem reich an Fett, Phosphor und Kalium.

Die Nuss hat eine dünne, dunkle Haut, die ein wenig bitter schmecken kann. Daher wird meist empfohlen, sie zu entfernen. Ich persönlich mag den Geschmack der nicht gehäuteten Nüsse. (Wenn Sie die Haut vor der Verwendung entfernen wollen, rösten Sie die Haselnüsse etwa 10 Minuten im Backofen bei 190 °C. Lassen Sie sie 10 Minuten abkühlen und reiben Sie sie dann mit einem alten Küchentuch ab, das ruhig Flecken bekommen darf.) Haselnüsse finden Sie im Supermarkt, doch jüngeren Untersuchungen zufolge sind sie häufig von Aflatoxinen, einem Schimmelpilz, befallen. Achten Sie also auf frische Ware und kaufen Sie immer nur ganze und keine gemahlenen Nüsse. Bio-Nüsse erhalten Sie im Naturkostladen und Reformhaus.

Haselnussschrot und -mehl

Ich kombiniere Haselnüsse gern mit Schokolade, aber Sie können sowohl Schrot als auch Mehl problemlos für Backwaren, Müsli oder Granola verwenden. Der Ziegenkäse (Seite 201) hat sich schnell zur Leibspeise meiner Familie entwickelt. Haselnüsse verleihen jedem Gericht einen fein nussigen Geschmack und entfalten gerade geröstet ein besonderes Aroma. Rösten Sie Haselnussschrot in einer beschichteten Pfanne auf mittlerer Flamme für 3 bis 4 Minuten, bis er zu duften beginnt.

Da ich Haselnüsse mit der dunklen Haut mahle, erhalte ich zweifarbigen Schrot. Gemahlen werden die Nüsse am besten in der Küchenmaschine und in kleinen Mengen. Für Haselnussschrot betätigen Sie nur ein paarmal die Pulse-Taste. Um Haselnussmehl herzustellen, sollten Sie die Nüsse zuerst schroten, den Schrot dann aussieben und die groben Reste noch einmal mahlen. Haselnussschrot eignet sich gut zum Bestreuen oder als Überzug wie zum Beispiel bei den Trüffeln (Seite 202). Haselnussmehl hingegen lässt sich gut zum Backen, für Muffins, Pfannkuchen und Brownies verwenden.

Maßangaben

1 Tasse Haselnüsse = 120 g

1 Tasse Haselnussschrot oder -mehl = 100 g

1 Tasse (120 g) Haselnüsse = 1 Tasse plus 3 Esslöffel (120 g) Haselnussschrot oder -mehl

Ziegenkäse mit Nusskruste an Salat

Eine Zeit lang habe ich im Restaurant immer nur Salat mit Ziegenkäse gegessen. Ich war ganz versessen auf den warmen, leicht zerlaufenden Käse an knackigem grünem Salat. Bis ich eines Tages merkte, wie einfach sich das zu Hause zubereiten lässt. Dieser Salat gehört bei mir mittlerweile zu den Standardgerichten. Ich habe die Salatgrundlage hier bewusst simpel gehalten, aber Sie können sie natürlich ganz nach Lust und Laune zusammenstellen.

Ergibt 4 Portionen

Für den Ziegenkäse:

170 g Ziegenkäse
2/3 Tasse (65 g) Haselnussschrot
1 Teelöffel frischer Thymian
1/4 Teelöffel Meersalz
1/4 Teelöffel frisch gemahlener schwarzer Pfeffer
2 Esslöffel Olivenöl

Für das Dressing:

1/4 Tasse (60 ml) Olivenöl
1/4 Tasse (60 ml) Balsamico
2 Esslöffel Honig
2 Esslöffel Dijonsenf

Für den Salat:

4 bis 5 Handvoll grüner Salat
2 Tassen Kirschtomaten
1/2 Bund Frühlingszwiebeln, fein geschnitten

Den Backofen auf 190 °C vorheizen. Ein Backblech mit Backpapier auslegen.

Für den Ziegenkäse: Ziegenkäse in 8 gleich große Stücke teilen. Jedes Stück zu einer etwa 1,2 Zentimeter dicken Scheibe ausrollen.

Haselnussschrot, Thymian, Salz und Pfeffer in einer Schüssel vermischen. Die Ziegenkäsescheiben zuerst in Olivenöl wenden, dann in die Haselnussmischung drücken, sodass alle Seiten gut bedeckt sind. Die Ziegenkäsescheiben in einer Lage auf dem Backblech verteilen und 10 bis 12 Minuten im Backofen weich backen, bis die Haselnüsse ein leichtes Röstaroma verströmen. Vor dem Servieren ein paar Minuten ruhen lassen.

Für das Dressing: Olivenöl, Balsamico, Honig und Senf in einem Mixer verrühren, bis sich eine feine Emulsion bildet.

Für den Salat: Salatblätter, Kirschtomaten und Frühlingszwiebeln vermischen. Das Dressing unterheben. Auf 4 Salatteller verteilen und mit je 2 Ziegenkäsescheiben belegen.

Haselnuss-Schoko-Trüffel

Ich finde, jeder sollte ein paar Rezepte auf Lager haben,
die zwar einfach zuzubereiten sind, aber auf jeder Party unweigerlich zum Hit werden.
Diese Trüffel sind schnell gemacht und ein wahrer Genuss.

Ergibt 24 bis 30 Trüffel

340 g erstklassige Zartbitterschokolade, fein gehackt

¾ Tasse (180 ml) Konditorsahne (mind. 36 % Fett)

1 Tasse (100 g) Haselnussschrot

Schokolade in eine hitzebeständige Schüssel geben. Sahne in einer kleinen Kasserolle auf mittlerer Flamme bis kurz vor den Kochpunkt erhitzen. Über die Schokolade gießen und 2 bis 3 Minuten ziehen lassen. Die Mischung glatt rühren. Sollte die Schokolade nicht ganz geschmolzen sein, die Schüssel in einen Topf mit heißem Wasser stellen und rühren, bis die Schokolade geschmolzen ist.

Die Schokosahne 1 Stunde bei Zimmertemperatur abkühlen lassen. Einen Deckel auf die Schüssel legen und in den Kühlschrank stellen, bis sich die Schokoladencreme mit dem Löffel abstechen und rollen lässt. Das dauert etwa 2 Stunden. Ist die Schokolade in der Zwischenzeit zu hart geworden, bei Zimmertemperatur wieder weicher werden lassen.

Haselnussschrot in einen tiefen Teller geben. Mit einem Löffel 1 Esslöffel Schokomasse abstechen und mit den Händen schnell zur Kugel rollen. Den Trüffel im Haselnussschrot rollen, dann auf ein mit Backpapier ausgelegtes Backblech geben. Mit der verbleibenden Schokomasse genauso verfahren. Die Trüffel halten sich in einem luftdicht verschlossenen Behälter bei Raumtemperatur 3 bis 4 Tage.

Haselnuss-Kürbis-Muffins

Es gibt Geschmacksrichtungen, die sich wunderbar für die Kombination mit Nüssen eignen: Süßkartoffel und Pekannüsse, Pistazien und Zitrone, Haselnuss und Kürbis. Überhaupt ist der Herbst meine liebste Jahreszeit und diese Muffins passen perfekt dazu. Sie können sie mit Haselnussschrot oder -mehl zubereiten. Ich nehme meist die gröbere Variante, weil sie mehr Biss verleiht.

Ergibt 12 Muffins

1 Tasse (100 g) Haselnussschrot (oder -mehl)
½ Tasse (50 g) Hafermehl
¼ Tasse (40 g) Teffmehl
¼ Tasse (35 g) Sorghummehl
¼ Tasse (30 g) Pfeilwurzelmehl
¼ Tasse (30 g) Maisstärke
1 Teelöffel Natron
1 Teelöffel Zimtpulver
½ Teelöffel Meersalz
¼ Teelöffel Muskatnusspulver
¼ Teelöffel Ingwerpulver
1 Tasse (100 g) Kürbismus
½ Tasse (120 ml) Ahornsirup
¼ Tasse (60 g) Butter, zerlassen und leicht abgekühlt
2 große Eier

Den Backofen auf 190 °C vorheizen. Eine Muffinform für 12 Muffins mit Papierbackförmchen auskleiden.

Alle Mehlsorten mit Pfeilwurzelmehl, Maisstärke, Natron, Zimt, Salz, Muskatnuss und Ingwer in einer Schüssel vermischen. Kürbismus, Ahornsirup, zerlassene Butter und Eier in einer zweiten Schüssel mit einem Schneebesen verrühren. Die nassen Zutaten über die trockenen gießen und zu einem Teig verrühren.

Den Teig in den Papierbackförmchen verteilen und 22 bis 24 Minuten im Backofen backen, sodass sich die Oberfläche der Muffins nach Druck wieder ausbeult. 5 Minuten in der Form auskühlen lassen, dann auf einem Kuchengitter weiter auskühlen lassen. In einem luftdicht verschlossenen Behälter bleiben die Muffins 2 bis 3 Tage frisch. Sollen sie länger reichen, frieren Sie sie einzeln ein.

WALNÜSSE

Das Haus im Mittleren Westen, in dem ich aufwuchs, war mindestens hundert Jahre alt. Die alten Bäume drum herum hatten etwas Majestätisches, und der Schönste war ein alter Walnussbaum. Einmal im Jahr fielen ledrig-grüne Bälle herunter, die furchtbar rochen. Beim Aufsammeln färbten sich die Hände regelmäßig grün. Damals war mir nicht klar, dass aus diesen grünen Dingern die leckeren Walnüsse kamen, die ich so mochte.

Es gibt zwei verschiedene Walnussarten: die Echte Walnuss und die Schwarznuss. Die Nüsse der Echten Walnuss sind die, die wir heute im Laden kaufen können. Die Schwarznuss hingegen wird meist wegen ihres schönen Holzes angebaut. Ihre Nüsse sind zwar essbar, doch lässt sich die Schale kaum knacken. Alle Walnüsse sind echte Nüsse im botanischen Sinne. Der Nusskern ist bei der Walnuss von zwei Schichten umgeben: zunächst von der harten Schale und dann von der ledrigen Außenhaut. Jede Walnuss enthält zwei Kerne, die durch ein festes Häutchen getrennt sind. Die Walnuss ist schon für das Ende der Kreidezeit belegt, also mehrere Millionen Jahre alt. Walnüsse sind hervorragende Proteinlieferanten und enthalten viele Omega-3-Fettsäuren, die die Herzgesundheit befördern.

Meist wird in Rezepten empfohlen, die Walnuss zu häuten, weil sie dann nicht so bitter schmeckt. Doch die dünne Haut der Walnuss enthält viele Vitalstoffe, daher schätze ich sie auch mit Haut. Die Walnuss hat nicht den feinen, buttrigen Geschmack der Pekannuss, doch ihr erdiger Geschmack passt hervorragend zu vielen Gerichten.

Sie finden Walnüsse abgepackt in allen Supermärkten. Bio-Ware erhalten Sie in Naturkostläden und Reformhäusern. Ganze Walnüsse in der Schale sind in Bio-Qualität allerdings selten zu bekommen.

Walnussschrot

Ähnlich wie Pekannüsse werden Walnüsse beim Mahlen schnell zu Mus, weil sie einen hohen Fettgehalt haben. Walnussschrot wird daher am besten in kleinen Mengen in der Küchenmaschine hergestellt. Drücken Sie die Pulse-Taste nur ein paarmal. Im Hochleistungsmixer werden die Nüsse ebenfalls schnell zu Mus. Wegen ihres Fettanteils lässt sich schwer Mehl herstellen, die hier vorgestellten Rezepte verwenden daher ausschließlich Schrot. Walnussschrot als Grundlage für eine Pie-Teigschale gibt eine tolle Basis für alle möglichen Gemüsesorten und lässt sich auch gut mit anderen Mehlen kombinieren. Verglichen mit Pekannüssen hat Walnussschrot einen erdigeren und leicht bitteren Geschmack. Zum Backen ist er wunderbar, vor allem in Verbindung mit Schokolade.

Achtung: Wie bei Sonnenblumenkernen verleiht Walnussschrot in Verbindung mit Natron Backwaren durch eine chemische Reaktion einen grünlichen Ton. Das hat zwar keinen Einfluss auf den Geschmack, doch die Optik leidet darunter. Ist der Teig allerdings dunkel (wie bei Schokokuchen), nimmt man den Grünton gar nicht wahr.

Maßangaben

1 Tasse Walnüsse = 100 g
1 Tasse Walnussschrot = 100 g
1 Tasse (100 g) Walnüsse = 1 Tasse (100 g) Walnussschrot

Walnuss-Kakao-Brownies

Brownie-Liebhaber teilen sich in zwei unversöhnliche Lager: Die einen schwören auf schwere Brownies mit einem cremigen Herz, die anderen wollen ihren Brownie schön locker und eher kuchenartig. Ich habe eine Zeit lang nur die Kuchen-Brownies geschätzt, bis ich eine cremige Version meiner Mutter probiert habe. Diese Brownies waren vergleichsweise wenig gesüßt und wunderbar weich. Bei diesem Rezept erhält der Teig durch den Walnussschrot mehr Biss.

Ergibt 12 Brownies

½ Tasse (50 g) Walnussschrot
¼ Tasse (30 g) Pfeilwurzelmehl
¾ Tasse (150 g) Vollrohrzucker
3 Esslöffel (30 g) ungesüßtes Kakaopulver
¼ Teelöffel Meersalz
¼ Tasse (60 ml) Walnussöl
Mark von ½ Vanilleschote
1 großes Ei

Den Backofen auf 150 °C vorheizen. Eine 20 x 20 Zentimeter große Auflaufform dünn einölen.

Walnussschrot, Pfeilwurzelmehl, Zucker, Kakaopulver und Salz in einer Schüssel vermischen. Walnussöl, Vanillemark und Ei in einer zweiten Schüssel verrühren. Die nassen Zutaten über die trockenen gießen und zu einem Teig verrühren.

Den Brownieteig in die Auflaufform streichen und 45 bis 50 Minuten im Backofen backen, bis er sich von den Seiten der Form löst und in der Mitte fest geworden ist. Den Kuchen in der Form ganz abkühlen lassen, dann in 12 Quadrate schneiden. In einem luftdicht verschlossenen Behälter halten die Brownies bei Zimmertemperatur 2 bis 3 Tage.

Doppelt gebackene Süßkartoffeln mit Walnuss-Crumble

Vermutlich ist Ihnen schon aufgefallen, dass ich ein Fan von Süßkartoffeln bin. In den Wintermonaten im Mittleren Westen ernähre ich mich von den orangefarbenen Knollen. Meist verwende ich sie im Hauptgericht, aber auch als Beilage sind Süßkartoffeln immer ein Genuss. Diese gebackenen Süßkartoffeln sind schnell gemacht und passen zu allerlei Gemüsegerichten.

Ergibt 2 Beilagenportionen

1 mittelgroße Süßkartoffel
30 g Blauschimmelkäse
1 Esslöffel Sahne
½ Knoblauchzehe, fein gehackt
¼ Tasse (25 g) Walnussschrot
¼ Teelöffel Meersalz
¼ Teelöffel frisch gemahlener schwarzer Pfeffer
1 Teelöffel Olivenöl

Den Backofen auf 200 °C vorheizen.

Süßkartoffel 4- bis 5-mal mit einer Gabel einstechen. Auf ein Backblech legen und 40 bis 45 Minuten im Backofen backen, bis sie weich ist. Ein wenig abkühlen lassen.

Süßkartoffel der Länge nach halbieren. Das Fleisch mit einem Löffel lösen und in eine Schüssel geben. An der Schale sollte danach noch eine dünne Schicht (etwa 3 Millimeter) Süßkartoffelfleisch haften. Blauschimmelkäse, Sahne und Knoblauch zum Süßkartoffelfleisch geben. Mit einem Handmixer gründlich verrühren. Dann die Mischung mit dem Löffel zurück in die Schale geben.

Walnussschrot, Salz und Pfeffer in einer anderen Schüssel vermischen. Olivenöl in die Würzmischung reiben. Diese über die Süßkartoffeln streuen und Süßkartoffeln erneut 20 bis 25 Minuten im Backofen backen, bis der Käse geschmolzen ist und die Walnüsse zu bräunen beginnen.

Tomaten-Walnuss-Aufstrich

Ich bin immer auf der Jagd nach Rezepten für leckere Vorspeisen ohne Fleisch und Käse. Dieser Aufstrich schmeckt wunderbar zu Crackern und ist schnell fertig. Ich verwende immer sonnengetrocknete Tomaten, die nicht in Öl eingelegt sind, um den Fettanteil niedrig zu halten. Mit in Öl eingelegten Tomaten wird der Aufstrich deutlich flüssiger.

Ergibt ca. 450 Gramm

1 Tasse (110 g) sonnengetrocknete Tomaten
1 Tasse (240 ml) Wasser
2 Knoblauchzehen, geschält
½ Tasse (50 g) Walnussschrot
2 Teelöffel frischer Rosmarin
1 Esslöffel Zitronensaft, frisch gepresst
2 Teelöffel Honig
1 Teelöffel frisch gemahlener schwarzer Pfeffer
½ Teelöffel Meersalz

Tomaten in einer kleinen Schüssel mit Wasser übergießen und etwa 2 Stunden ziehen lassen, bis die Tomaten weich sind. Abgießen und Wasser beiseitestellen. Knoblauchzehen in die Küchenmaschine geben und mit der Pulse-Taste fein hacken. Tomaten, Walnussschrot, Rosmarin, Zitronensaft, Honig, Pfeffer und Salz hinzugeben und zu einer homogenen Masse verarbeiten. Wenn die Paste zu dick ist, esslöffelweise Einweichwasser dazugeben, bis die richtige Konsistenz erreicht ist.

Diesen Aufstrich können Sie einen Tag vorher zubereiten. Bewahren Sie ihn bis zum Servieren in einem luftdicht verschlossenen Behälter im Kühlschrank auf.

PEKANNÜSSE

Ein spezielles Lieblingsgetreide habe ich nicht. Ich mag eigentlich alles. In puncto Nüsse allerdings liegen die Dinge anders. Ich bin ganz wild auf Pekannüsse und schäme mich kein bisschen dafür. Mein Lieblingsgranola hat nur fünf Zutaten, eine davon sind Pekannüsse. Wenn ich Süßkartoffeln oder Kürbis zubereite, kommen immer auch ein paar Pekannüsse dazu, und mein Lieblingssnack sind Pekannüsse mit Zartbitterschokolade. Ich kann einfach nicht genug bekommen vom süßen, buttrigen Geschmack dieser Nüsse.

Der Pekannussbaum gehört zu den Hickorybäumen, die in Nord- und Zentralamerika heimisch sind. Tatsächlich sind Pekannüsse keine Nüsse, sondern Steinfrüchte. Was wir als Nusskerne kennen, sind in Wirklichkeit die Samen der Bäume. Pekannüsse haben eine harte äußere Hülle, die nicht leicht zu knacken ist. Dieser Eigenschaft verdanken sie auch ihren Namen: In der Sprache der Algonquin-Indianer bedeutet *pekan* wörtlich: „Die Nuss, die man nur mit einem Stein knacken kann." Pekannüsse sind gute Proteinlieferanten, enthalten sehr viel Fett mit vielen gesunden ungesättigten Fettsäuren und stecken voller Mineralstoffe, darunter Kalzium, Magnesium und Eisen.

Die Vereinigten Staaten sind eines der Hauptanbaugebiete für Pekannüsse, doch eigentlich wachsen die Nüsse auf der ganzen Welt. Sie können Pekannüsse im Ganzen in gut sortierten Supermärkten und Naturkostläden kaufen. Rohkostqualität, bei der die Nüsse nicht erhitzt wurden, finden Sie allerdings meist nur im Internet. Achten Sie darauf, dass die Nüsse frisch sind.

Pekanschrot

Verglichen mit Mandeln lassen sich Pekannüsse wegen ihres sehr hohen Fettgehalts schlecht zu Mehl mahlen. Diese Fette werden beim Mahlen frei, sodass die Nüsse schnell zu Pekanmus werden. Daher sollten Sie Pekannüsse immer nur in kleinen Mengen in der Küchenmaschine mahlen und dabei nur ein paarmal die Pulse-Taste drücken. Eine von Hand betriebene Nussmühle wäre hier zu empfehlen.

Pekanschrot gehört zu den süßesten Nussmehlen. Er verleiht Backwaren wie Cookies und Hefeteilchen einen feinen Geschmack. Sehr gut schmecken Pekannüsse auch als knuspriges Topping zu Aufläufen und zu Penne mit Käse.

Bevor Sie Pekannüsse mahlen, sollten Sie eine probieren. Meiner Erfahrung nach werden Pekannüsse ungekühlt schnell ranzig und können so Ihre kochkünstlerischen Bemühungen zum Scheitern verurteilen. Daher sollten Sie Pekannüsse und Pekanschrot immer im Kühl- bzw. Gefrierschrank aufbewahren.

Maßangaben

1 Tasse Pekannüsse = 100 g
1 Tasse Pekanschrot = 100 g
1 Tasse (100 g) Pekannüsse = 1 Tasse (100 g) Pekanschrot

Blumenkohlgratin mit Pekankruste

Bei festlichen Mahlzeiten lasse ich oft den Hauptgang aus und bediene mich nur bei den Beilagen. Ich mag einfach gern Gemüse, und wenn dieses dann noch mit Käse gratiniert ist ... lecker! Die Pekankruste macht das Gericht knusprig, während ihr Aroma eine köstliche Verbindung mit dem gebackenen Blumenkohl eingeht.

Ergibt 4 bis 6 Portionen

Für den Blumenkohl:

5 Tassen (420 g) kleine Blumenkohlröschen (1 mittelgroßer Kopf)

2 Esslöffel Olivenöl

½ Teelöffel Meersalz

Für die Sauce:

1½ Esslöffel (25 g) Butter

1 Esslöffel Maisstärke

½ Tasse (80 g) Zwiebeln, fein

2 Teelöffel frischer Salbei, fein gehackt

¾ Tasse (180 ml) fettarme Milch oder Vollmilch

¾ Tasse (75 g) Mozzarella, klein geschnitten

¼ Tasse (60 g) Ricotta

Für die Kruste:

1 Esslöffel (15 g) Butter, zerlassen

¾ Tasse (75 g) Pekanschrot

¼ Tasse (10 g) Parmesan, gerieben

Den Backofen auf 190 °C vorheizen.

Für den Blumenkohl: Blumenkohlröschen in eine Schüssel geben, Olivenöl und Salz unterheben, sodass die Röschen schön bedeckt sind. In einer Lage auf einem Backblech auslegen und 20 bis 25 Minuten im Backofen backen, bis sie weich sind. In der Zwischenzeit die Sauce zubereiten.

Für die Sauce: Butter in einer Kasserolle auf mittlerer Flamme zerlassen. Zwiebeln dazugeben und 5 bis 6 Minuten glasig dünsten. Maisstärke und Salbei hinzufügen, 1 weitere Minute garen. Das Ganze mit der Milch aufgießen und köcheln lassen, bis die Sauce andickt, dabei häufig umrühren. Den Topf vom Herd nehmen und Mozzarella und Ricotta hinzufügen. Rühren, bis die Sauce glatt ist.

In einer gefetteten Auflaufform (etwa 2,5 Liter) Blumenkohlröschen mit der Käsesauce vermischen. Gut unterheben, bis alle Röschen bedeckt sind.

Für die Kruste: In einer mittelgroßen Schüssel Butter, Pekanschrot und Parmesan mischen. Die Brösel über dem Blumenkohl verteilen.

Blumenkohl 20 bis 25 Minuten im Backofen backen, bis die Käsesauce blubbert und die Pekankruste leicht knusprig ist.

Sie können statt des Blumenkohls auch Brokkoli oder Rosenkohl nehmen. Passen Sie die Backzeit entsprechend an.

Sandwich aus grünen Tomaten mit Pekan-Panade

Gewöhnlich warte ich im Sommer ungeduldig darauf, dass die Tomaten reif werden. Hin und wieder allerdings hole ich eine grüne aus dem Garten, denn gebratene grüne Tomaten sind ja hier im Westen fast ein Nationalgericht. Der Pekanschrot fügt eine ganz neue Geschmacksnote hinzu, die dieses Sandwich zu etwas ganz Besonderem macht.

Ergibt 4 Sandwiches

Für das Dressing:

½ Tasse (110 g) griechischer Joghurt (10 % Fett)
2 Esslöffel frischer Schnittlauch, fein gehackt
1 Esslöffel frische Petersilie, fein gehackt
1½ Teelöffel frischer Dill, fein gehackt
½ Knoblauchzehe, fein gehackt
½ Teelöffel frisch gemahlener schwarzer Pfeffer
½ Teelöffel Meersalz
2 Esslöffel Buttermilch
½ Teelöffel Chipotle-Chilipulver, wahlweise etwas mehr

Für die Sandwiches:

1 große (260 g) grüne Fleischtomate
2 Esslöffel Sahne
1 großes Eigelb
⅔ Tasse (65 g) Pekanschrot
½ Teelöffel Meersalz
½ Teelöffel frisch gemahlener schwarzer Pfeffer
2 Esslöffel Olivenöl
grüne Salatblätter
4 Brötchen

Für das Dressing: Joghurt, Schnittlauch, Petersilie, Dill, Knoblauch, Pfeffer und Salz mit der Buttermilch verrühren. Mit ½ Teelöffel Chilipulver abschmecken. Wenn Sie es etwas schärfer mögen, geben Sie mehr dazu. Bis zur Weiterverwendung in den Kühlschrank stellen.

Für die Sandwiches: Grüne Tomate in 4 etwa 1 Zentimeter dicke Scheiben schneiden. Sahne und Eigelb in einem tiefen Teller mit einer Gabel verrühren. Pekanschrot, Salz und Pfeffer in einem zweiten tiefen Teller vermischen. Die Tomatenscheiben von beiden Seiten in die Eiermischung tunken, dann in der Nussmischung wenden. Den Pekanschrot mit der Handfläche auf den Tomatenscheiben festdrücken.

Olivenöl in einer großen Pfanne auf mittlerer Flamme erhitzen. Die panierten Tomaten darin von beiden Seiten ausbraten, bis die Nüsse braun werden und die Tomaten weich.

Jedes Brötchen in der Mitte durchschneiden. Auf die untere Hälfte Salatblätter und je 1 Tomatenscheibe geben. 1 bis 2 Esslöffel Dressing darüberträufeln und die obere Brötchenhälfte auf die Tomaten setzen. Die Sandwiches noch warm servieren.

Da Fleischtomaten ganz unterschiedliche Größe haben, brauchen Sie vielleicht für die Panade noch 1 bis 2 Esslöffel mehr Sahne und 2 bis 4 Esslöffel mehr Pekanschrot.

Bananenbrot mit Pekannüssen

Eigentlich mag ich Bananen, die nicht so ganz reif sind. Und doch passiert es mir immer wieder, dass sie zu reif werden. Ich drehe mich einmal um und schon habe ich wieder ein paar Bananen, mit denen man perfektes Bananenbrot machen kann. Ich habe dafür immer schon gern Pekanschrot verwendet, weil das den Geschmack intensiviert, vom kernigen Biss ganz zu schweigen. Zu diesem glutenfreien Rezept schmeckt auch Walnussschrot super.

Ergibt 1 Laib von 20 Zentimetern Länge

- 1 ¼ Tassen (125 g) Pekanschrot
- ¼ Tasse (30 g) Pfeilwurzelmehl
- ¼ Tasse (30 g) Tapiokamehl
- ¼ Tasse (35 g) Vollreismehl
- ½ Tasse (70 g) Sorghummehl
- ¼ Tasse (40 g) Teffmehl
- 1 Teelöffel Natron
- ½ Teelöffel Meersalz
- 2 Teelöffel Zimtpulver
- 1 Teelöffel Muskatnusspulver
- ½ Teelöffel Ingwerpulver
- 1 ¼ Tassen (240 g) Bananenpüree (aus 2 bis 3 Bananen)
- ½ Tasse (120 ml) Ahornsirup
- ¼ Tasse plus 2 Esslöffel (90 ml) Pekan- oder Walnussöl
- 2 große Eier

Den Backofen auf 190 °C vorheizen. Eine 13 x 20 Zentimeter große Kastenform einölen.

Pekanschrot mit Pfeilwurzelmehl und den Mehlsorten in einer großen Schüssel vermischen. Natron, Salz, Zimt, Muskatnuss und Ingwer unterrühren. Bananenpüree, Ahornsirup, Öl und Eier in einer zweiten Schüssel mit einem Schneebesen verrühren. Die nassen Zutaten über die trockenen gießen und zu einem glatten Teig verrühren.

Den Teig in die Kastenform geben und 40 Minuten im Backofen backen, bis er oben dunkelbraun ist. Mit einer Stricknadel hineinstechen. Wenn kein Teig mehr daran kleben bleibt, ist das Bananenbrot durchgebacken. Das Brot 10 Minuten in der Form abkühlen lassen, dann auf ein Kuchengitter stürzen und ganz abkühlen lassen. In einem luftdicht verschlossenen Behälter hält das Brot bei Zimmertemperatur 2 bis 3 Tage. Wollen Sie es länger aufbewahren, frieren Sie es ein.

Bezugsquellen

Wenn Sie wie ich weit draußen auf dem Land leben, sind viele der hier verwendeten Zutaten gar nicht zu bekommen, falls Sie es nicht übers Internet versuchen. Hier eine Reihe nützlicher Adressen:

Glutenfreie Mehlsorten

Food-Oase GmbH
Große Straße 2 · 22926 Ahrensburg
Tel.: 04102/89 138 60
E-Mail: *info@foodoase.de*
Online-Shop: *www.foodoase.de*

Glutenfrei-Supermarkt
Hermann-Köhl-Str. 4 · 86899 Landsberg am Lech
Tel.: 08192/72 999 50
E-Mail: *info@glutenfrei-supermarkt.de*
Online-Shop: *www.glutenfrei-supermarkt.de*

Teff-Shop
Frankfurter Str. 198 · 61118 Bad Vilbel
Tel.: 0170-55 685 85
E-Mail: *post@teff-shop.de*
Online-Shop: *www.teff-shop.de*

Rohköstliches

PureRaw
Lockstedter Chaussee 1 · 38486 Klötze
Tel.: 03909/472 610
E-Mail: *info@pureraw.de*
Online-Shop: *www.pureraw.de*

Keimling Naturkost GmbH
Zum Fruchthof 7a · 21614 Buxtehude
Tel.: 04161/51 161 02
E-Mail: *naturkost@keimling.de*
Online-Shop: *www.keimling.de*

Hier finden Sie auch Hochleistungsmixer, Gemüsehobel und Dörrautomaten.

Nüsse und Nussmehle

Terra Elements GmbH
Balanstraße 73 · 81541 München
Tel.: 089/416 108 92
E-Mail: *info@terraelements.de*
Online-Shop: *www.terraelements.de*

Alles vegetarisch
An der alten Naab 9 · 92507 Nabburg
Tel.: 09433/20 41 31 00
E-Mail: *info@alles-vegetarisch.de*
Online-Shop: *www.alles-vegetarisch.de*

Hier finden Sie allerlei vegane Backzutaten und eine große Auswahl an glutenfreien Mehlsorten.

Dank

Von allen Dingen, die ich im Leben je anpacken wollte, stand das Schreiben eines Buches nicht gerade oben auf meiner To-do-Liste. Und doch habe ich es geschafft und dafür schulde ich vielen Menschen Dank.

Meinem neuen Ehemann Mike, der mich im Arm hält, wenn ich Trost brauche, und stets der größte Fan meiner Ideen ist. Ich kann mir nicht vorstellen, dass ich diese verrückte Reise mit einem besseren Gefährten hätte anpacken können als mit dir.

Meinen Eltern und Großeltern, die meine Neugier gefördert und mir mehr Möglichkeiten verschafft haben, als ein Mädchen je erhoffen durfte. Besonders meinem Vater, dessen Ehrlichkeit mich auch als Fotografin ständig wachsen lässt. Und meiner Mutter, die dauernd mit mir übers Essen spricht und alle Rezepte in diesem Buch ausprobiert hat.

Sara Kieffer, Nicole Gulotta, Erika und Stephanie Cline, Tim und Shanna Mallon und April Holland, die mir geholfen haben, diese doch recht ungewöhnlichen Rezepte zu testen.

Jill Alexander von der Fair Winds Press, die mich mit der lustigen Idee zu meinem Back- und Kochbbuch *Mehl* quasi überfallen hat und mit der die Zusammenarbeit einfach ein Vergnügen war.

Und natürlich all meinen Lesern: Euretwegen habe ich immer weiter und weiter gekocht und die Rezepte auf meinem Blog allen zur Verfügung gestellt. Ohne euch gäbe es dieses Buch nicht.

Über die Autorin

Erin Alderson ist Fotografin und Web-Designerin. Sie ist die Stimme hinter *Naturally Ella*, einem Blog für vollwertige vegetarische Ernährung, in dem es um einfache und gesunde Küche geht. Erin wurde schon in *Food Communities* wie *The Kitchn* und *Food52* vorgestellt, aber auch in traditionellen Zeitschriften wie *Food and Wine* und *Bon Appétit*. Wenn sie nicht gerade Chaos in der Küche anrichtet, zieht Erin wandernd oder snowboardend durch die Berge. Im Augenblick lebt sie im kalifornischen Sacramento mit ihrem Mann Mike und ihrem Husky Radar.

Register der Rezepte

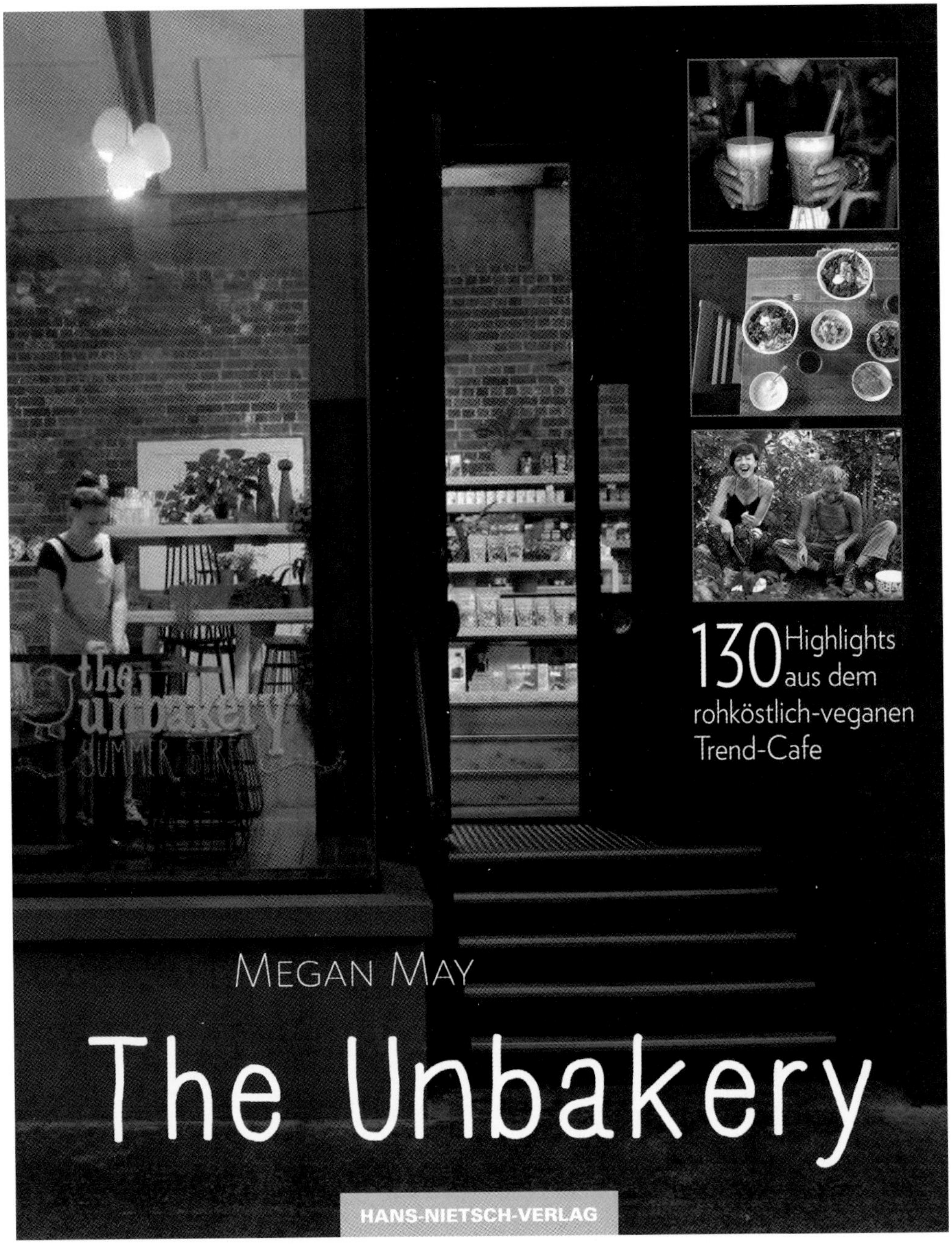
130 Highlights aus dem rohköstlich-veganen Trend-Cafe
MEGAN MAY
The Unbakery
HANS-NIETSCH-VERLAG

Beate Mihály · Stefanie Krause · Maria Mihály · Erika Müller
Vegan backen
300 Lieblingsrezepte
Torten, Kuchen, Plätzchen, Pralinen & Konfekt, Brot & Brötchen, Pizzen sowie salziges Kleingebäck mit Herz zubereiten und genießen
MEHL
HANS-NIETSCH-VERLAG

vegan

süß & sündig

Die verführerische Welt der Desserts:
70 kreative und klassische Rezepte

HANS-NIETSCH-VERLAG

www.nietsch.de